L'Imaginaire dans les Romans de Camara Laye

Studies in African
and African-American Culture

James L. Hill
General Editor

Vol. 4

PETER LANG
New York • San Francisco • Bern • Baltimore
Frankfurt am Main • Berlin • Wien • Paris

Ada Uzoamaka Azodo

L'Imaginaire dans les Romans de Camara Laye

PETER LANG
New York • San Francisco • Bern • Baltimore
Frankfurt am Main • Berlin • Wien • Paris

Library of Congress Cataloging-in-Publication Data

Azodo, Ada U.
    L'imaginaire dans les romans de Camara Laye / Ada U. Azodo.
        p. cm. — (Studies in African and African-American culture ; vol. 4)
    Includes bibliographical references and indexes.
    1. Camara, Laye—Criticism and interpretation.   2. Guinea in literature.
3. Myth in literature.   I. Title.   II. Series.
PQ3989.C27Z55   1993   843—dc20   92-31986
ISBN 0-8204-2039-5   CIP
ISSN 0890-4847

Die Deutsche Bibliothek-CIP-Einheitsaufnahme

Azodo, Ada U.:
L'imaginaire dans les romans de Camara Laye / Ada U. Azodo.—
New York; Bern; Berlin; Frankfurt/M.; Paris; Wien: Lang, 1993
    (Studies in African and African-American culture ; Vol. 4)
    ISBN 0-8204-2039-5
NE: GT

© Peter Lang Publishing, Inc., New York 1993

Printed in the United States of America.

À ma famille,
Mike, Uchendu, Queen-Ije, Chi et KK

▩ REMERCIEMENTS ▩

Mes sincères remerciements vont à ces maisons d'éditions pour la permission de reproduire des extraits de leurs ouvrages: Centre de Recherche Imaginaire et Création pour l'extrait de Yves Durand (1969); Société Nouvelle Présence Africaine pour l'oeuvre de Léopold Sédar Senghor (1957); Edition Actes Sud pour les extraits de Michel Guérin (1986); Edition L'Harmattan pour l'extrait de Roger Chemain (1986); Librairie José Corti pour les extraits des ouvrages de Gaston Bachelard (1943; 1948), et de Jean Rousset (1963); Editions Payot pour l'extrait de Mircea Eliade (1959); Editions Bordas pour l'ouvrage de Gilbert Durand (1984); Flammarion et Cie pour les extraits de Mircea Eliade (1956).

Qu'il me soit permis d'exprimer ma profonde gratitude à State University of New York à Geneseo pour la subvention qui m'a été d'un grand recours pendant la préparation de cette oeuvre.

Je tiens à remercier aussi Monsieur Steve Beren de Kinko's, pour le traitement de texte et pour la présentation esthétique du livre.

Il était une fois, deux aveugles qui s'étaient donnés comme tâche de décrire le physique de l'éléphant, le plus grand animal de la Terre.

N'ayant touché que l'oreille de l'animal, le premier aveugle déclara que l'éléphant était une grande masse semblable à un eventail en osier tressé. Le deuxième aveugle, n'ayant touché que la trompe crut, lui, que l'animal n'était qu'une masse rugueuse et plissée.

Or, nous savons depuis que tout dépend de la direction de notre vue et les circonstances. La vie est une comédie. On ne se montre pas plus déçu qu'au moment même où l'on croit avoir raison.

(Conte Igbo)

Entrer dans une oeuvre, c'est changer d'univers, c'est ouvrir un horizon. L'oeuvre véritable se donne à la fois comme révélation d'un seuil infranchissable et comme pont jeté sur ce seuil interdit. Un monde clos se construit devant moi, mais une porte s'ouvre, qui fait partie de la construction. L'oeuvre est tout ensemble une fermeture et un accès, un secret et la clé de son secret. Mais l'expérience première demeure celle du "Nouveau Monde" et de "l'écart"; qu'elle soit récente ou classique, l'oeuvre impose l'avènement d'un ordre en rupture avec l'état existant, l'affirmation d'un règne qui obéit à ses lois et à sa logique propres. Lecteur, auditeur, contemplateur, je me sens instaurer mais ainsi nié: en présence de l'oeuvre, je cesse de sentir et de vivre comme on sent et on vit habituellement. Entraîné dans une métamorphose, j'assiste à une destruction préludant à une création [...] Franchissement d'un seuil, entrée en poésie, déclenchement d'une activité spécifique, la contemplation de l'oeuvre implique une mise en question de notre mode d'existence et un déplacement de toutes nos perspectives: passage d'un désordre à un ordre, pour reprendre, en les modifiant légèrement, les termes de Valéry, ce qui est vrai même si cet ordre est volonté de désordre: passage de l'insignifiant à la cohérence des significations, de l'informe à la forme, du vide au plein, de l'absence à la présence.

(Jean Rousset, *Forme et Signification*, pp. II et III)

❖ TABLE DES MATIÈRES ❖

marée, forêt, sang, mur, chevelure, soleil, sang-mêlé, lune, sueur, soif, douche, inondation, vague, îlôt, bateau.

LE FEU: purificateur et destructeur — se multiplie d'une manière redondante en lumière, incendie, liqueur spermatique, parole créatrice, oeil, phare, amour, forge, foyer, regard, flamme.

L'AIR: libre et volubile — se multiplie d'une manière redondante en vent, odeur, aile, ange, vol, ascension, élévation, nuage, arbre, bâton.

LA TERRE: intimité et oppression — se multiplie d'une manière redondante en marmite, berceau, femme, patrie, mère, épouse, Nature, serpent, grotte.

Prépondérance et convergence des images et des symboles d'élévation et de gravitation spirituelles.

LE GUIDE: naturel et surnaturel — se multiplie d'une manière redondante en Commère, Dramouss, Dioki, Akissi, Aline, Habibatou, Françoise, Marie ou Mimie, La Doctoresse, Le Mendiant, Kadidia, Lion Noir, Baloum, Noaga, Nagoa, Le Maître des cérémonies.

LA MORT: Libération de la vie et passage à l'éternité — se multiplie d'une manière redondante en ténèbres, nuit, meurtre, exil, labyrinthe, obscurité, prison, fusil, forêt, palais, flagellation, nuages noirs, baïonnette, épaisses fumées noires, porte, lune, sommeil, torpeur.

L'OR: divin métal, élément purificateur — se multiplie d'une manière redondante en cadeau de choix, nigredo de la forge, amour extraordinaire, royauté, divinité, souveraineté, autonomie.

Issue des schèmes symboliques — se voit de deux niveaux existentiel et spirituel:

DEUXIÈME PARTIE
STRUCTURE INITIATIQUE

TROISIÈME PARTIE
VALEURS PHILOSOPHIQUES ET MORALES

◈ ABBREVIATIONS ◈

DS   *Dramouss*, Paris, Plon, 1966.

EN   *L'Enfant noir*, Paris, Plon, 1953.

MP   *Le Maître de la Parole*, Paris, Plon, 1978.

RR   *Le Regard du roi*, Paris, Plon, 1954.

Toute citation formellement textuelle se présente soit hors texte, en petit caractère romain, soit dans le corps du texte, en italique entre guillemets. Les textes de Camara Laye portent invariablement l'abbréviation du texte et la page. Quant aux autres auteurs, on se reportera à la note à la fin de la section pour les références et les explications.

❂ PRÉFACE ❂

Ce livre de Madame Ada U. Azodo traite de l'imaginaire africain. Il est pourtant un dilemme par lequel tout récit mythique semble pécher irrémédiablement, et cela, aux yeux du non-initié: l'on s'attend à ce qu'il remplisse une vocation de circonscription et de précision temporelle d'un événement dit primordial, alors que ce dernier, de son essence même, est en dehors du temps. Le chercheur mythologisant sait qu'il n'y a là contradiction ou paradoxe qu'en apparence. Car le mythe définit, de par cette même impuissance incantatoire, le drame mythique par excellence: la recherche par l'homme de ce Temps primordial—dans et par le temps—le Grand Temps dont on recherche la source n'étant, en fin de compte, que l'histoire même du temps en train de se faire, sous nos yeux.

Or, c'est précisément à ce drame des commencements que nous convie ce livre de Madame Azodo. D'où sa tonalité résolument mythocritique, méthodologie que l'auteur emprunte à la théorie de l'archétypologie générale, telle qu'elle est préconisée dans *Les Structures Anthropologiques de L'imaginaire* de Gilbert Durand et dont l'universalité d'application a été démontrée dans les travaux non moins importants de Simon Vierne, de Léon Céllier, de Roger Chemain et de sa femme Arlette Degrange, pour n'en citer que ceux-là.

Dès lors, il ne s'agit pas dans ce livre de partir à la recherche d'un Autre exotique dont on devrait dépouiller les survivances à travers les romans de Camara Laye, en mésurant en quoi et jusqu'à quel point cet Autre resterait toujours fidèle à, ou se détacherait de son image de *"Nègre romantique"*, de miroir fantoche et éternel de l'homme idéal, *"civilisé"* et métropolitain. De même, il n'y est pas question non plus de s'acharner à opposer le *"pot de terre"* noir au *"pot de fer"* blanc—comme ont l'habitude de faire nos exégèses sociologisantes—croyant pouvoir attester par là de l'authenticité africaine, face à l'impérialisme culturel d'un Occident prométhéen.

Au contraire, le lecteur découvre un livre dont l'intérêt tient moins à une recherche assidue de l'homme africain ou layéen qu'au dévoilement—en pleine convergence symbolique—de l'Homme tout court, qu'il soit Nègre ou Blanc, pris et décrit, non seulement dans ce qu'il est de contingent et d'actuel, mais aussi dans ce qu'il est de toujours et d'éternel. Un livre qui vient donc à son heure et dont un examen rapide des fondements conceptuels permet au lecteur d'en saisir l'actualité brûlante, surtout dans le contexte épistémologique d'une critique littéraire africaine renée, après avoir été pendant longtemps reniée par des méthodologies critiques positivistes mal adaptées, et se basant toutes sur des moments scientifiques et anthropologiques pourtant dépassés.

En effet, ce qui constitue l'originalité de ce livre est la postulation par son auteur, et cela pour les trois romans de Camara Laye—*L'Enfant noir, Dramouss* et *Le Regard du roi*— de l'existence d'une persistence certaine des motifs, des images et des symboles aux articulations profondes, mythiques et archétypiques. Le mérite revient donc à Madame Azodo, autrefois sous notre tutelle, la mienne et celle de M. Unionmwan Edebiri,[1] d'avoir su dégager, une fois pour toutes, ces images qui fixent et cristallisent la vision d'écrivain de ce grand romancier africain qu'est Camara Laye.

Mais le lecteur appréciera également la clarté avec laquelle l'auteur a présenté son matériel, dans un exposé qui ne présuppose aucune connaissance chez le lecteur des principes de la mythocritique, et qui ne prétend non plus à une étude exhaustive du sujet traité.

Si le livre se termine par un aperçu des valeurs morales et philosophiques des romans de Camara Laye, c'est que ces romans sont finalement un rappel à l'ordre: l'homme traditionnel n'est pas bien mort, n'en déplaise à nos "*sciences* " profanes, fondées comme elles sont sur une modernité évolutioniste qui voudrait ériger le paradis sur la lune. Seulement, cet homme layéen est l'*Anthropos*, le premier homme dont parle *La Genèse* et pris cette fois-ci, non pas à sa naissance, mais à sa renaissance. *La Genèse* est à recommencer car l'homme de Laye est l'homme retrouvé, métamorphosé pour ainsi dire, après avoir recouvré une seconde innocence, laquelle, comme dirait E. M. Cioran, aurait sur la première l'avantage de ne pas se laisser prendre aux prestiges maintenant usés du *serpent*.

D'où l'appel insistant que lance Madame Azodo à l'ordre, à la spiritualité et au recommencement de la connaissance ; d'où également cette mythocritique des romans de Laye qui confirme, à la suite de Simone Vierne, le bien-fondé de *"la croyance intuitive et parfaite, que l'homme n'est pas voué à l'anéantissement, mais qu'il peut dépasser sa condition, atteindre l'immortalité par le renouvellement, sans cesse actualisé dans les rites, comme dans les oeuvres, de son être".*

Christian Oladele Onikepe
Mount Saint Mary's College,
Emmitsburg, Maryland

NOTE DE LA PRÉFACE

[1]M. Unionmwan Edebiri est actuellement directeur du Centre des études et des recherches sur les Arts et la Civilisation noirs et africains à Lagos au Nigéria.

⊠ INTRODUCTION ⊠

> *On sait bien que tout mythe est une recherche du temps perdu […], et surtout effort compréhensif de réconciliation avec un temps euphémisé et avec la mort vaincue ou transmuée en aventure paradisiaque, tel apparaît bien le sens inducteur dernier de tous les grands mythes. Et le sens du mythe en particulier ne fait que nous renvoyer à la signification de l'imaginaire en général …*
>
> (Gilbert Durand, *Les Structures Anthropologiques de L'imaginaire*, p. 433)

Camara Laye est l'un des écrivains africains le plus connu dont les textes intéressent aujourd'hui un public de plus en plus nombreux et interrogatif quant à la vraie signification de son oeuvre. Le grand mérite de cette étude que nous faisons est de n'avoir pas hésité à prendre à bras-le corps cet auteur africain traditionnel, dont la plupart des écrits reste encore particulièrement obscure.

D'excellents travaux ont déjà été réalisés, à tort et à travers, vers cette fin noble, comme *Camara Laye* de Sonia Lee, *L'Enfant noir de Camara Laye: sous le signe de l'éternel retour* de Jacques Bourgeacq, et *L'imaginaire dans le roman africain d'expression française* de Roger Chemain. Néanmoins, nous tenons que seul(e) un(e) Africain(e), sorti(e) de même la culture noire peut, en dernière analyse, sentir assez profondément, dans sa chair et ses os, la signification profonde des symboles et des images qui jalonnent ces romans mythiques. Voilà pourquoi, de notre part, nous entendons traiter de ces romans, comme un tout, au lieu de voir ces produits du même esprit créateur, à la manière de nos prédécesseurs, comme des oeuvres

disparates sans relation aucune entre elles. Nous invitons nos lecteurs à
sentir, à penser et à imaginer à nouveau ces oeuvres, sans se préoccuper
ni de la biologie de l'auteur, ni du contexte socio-historique africain.
Nous sommes convaincues que l'auteur a considéré les aspects
autobiographiques et les moments historiques seulement comme un
tremplin pour faire un saut à l'universel. Au niveau mythique, il traite de
la pensée intime de tout homme primitif dans le vrai sens du terme, c'est-
à-dire tout être humain à l'abri de la corruption du Temps. Dans
l'expression de Gilbert Durand:

> Seule la mythologie, qui accorde aux ressorts
> mythiques le *numen,* la toute puissance "divine"
> or sacrée, peut en dernière analyse rendre
> compte de l'ensemble des motivations d'une
> oeuvre humaine. Le mythe passe de loin et de
> beaucoup, la personne, ses comportements et ses
> idéologies.[1]

D'autre part, nous nous devons d'avouer que la prière de Camara
Laye dans le roman, *Dramouss,* qui peut s'étendre à tous ses écrits,
adressée aux jeunes gens d'Afrique, a contribué à galvaniser notre
initiative d'entreprendre ce travail. Finie donc la tendance systématique
européenne d'appliquer les critères occidentaux à l'analyse des écrits des
auteurs africains. Laye a fait:

> [...] le voeu que ce récit [...] ne serve pas
> d'exemple, mais plutôt de base à des critiques
> objectives, profitables à la jeunesse, avenir du
> Pays [...] pour faire mieux, beaucoup mieux,
> dans la voie de la restauration totale de notre
> pensée; qui, pour résister aux épreuves du
> temps, devra nécessairement puiser sa force
> dans les vérités historiques de nos civilisations
> particulières, et dans les réalités africaines [...]
> ... Pour que la pensée africaine ainsi
> réintégrée et totalement restaurée soit une force,
> non agressive mais féconde. [...] pour que
> l'incommunicable soit communiqué et l'inéffable
> entendu, tel est le dessein de l'auteur. (DS;
> pp. 7-8)

L'intention de notre auteur déborde donc les limites d'une lecture sociologique. Voilà pourquoi nous nous sommes données comme tâche de faire l'analyse de ces textes du point de vue de l'imaginaire.

En général, l'imaginaire veut la restauration du monde du mythe, des rêves et des mystères. Nous avons trouvé très utile la théorie de l'archétypologie de l'imaginaire dressée par Gilbert Durand dans son oeuvre magistrale, *Les Structures Anthropologiques de L'imaginaire,* laquelle trouve son application pratique dans *La Chartreuse de Palme* du même auteur. Durand postule cette théorie que sous les réseaux des symboles et des images dans une oeuvre donnée existe une structure mythologisante fondamentale. Il soutient aussi que l'imaginaire, dynamisme structural et permanent, va à la recherche de l'unicité parmi les relations variées. Laissons Yves Durand nous éclaircir ce point:

> Cette méthode consiste à affirmer que seule la considération d'un groupement relationnel de symboles—c'est-à-dire de leur agencement dans un certain réseau—permet une connaissance acceptable des méchanismes imaginaires. Autrement dit la "fonction" imaginaire correspond à la structure qui apparaît à travers l'agencement, le groupement, les relations existant au sein d'un ensemble de symboles. Dans cette optique, les structures sont définies par la répétition de groupements isomorphes. C'est dire que le phénomène de "redondance" ou de répétition thématique propre à chaque récit ou à chaque groupe de récits est significatif de la constitution isomorphe de l'axe—ou de la polarité—symbolisant.[2]

L'imaginaire, méthode multidisciplinaire, nous permettra de faire converger, non seulement les apports des critiques des années passées mais, avec les leçons du mythe et des mythologies du monde, les apports religieux, spirituels, philosophiques, moraux et mystiques de la culture africaine. Ce sont des aspects de l'oeuvre de Camara Laye que quelques-uns de nos prédécesseurs ont touchés sans les approfondir faute d'avoir utilisé une mauvaise méthodologie. Nous restaurerons les intentions premières des rêves, des images et des symboles, des rites et des visions, etc. Comme notre auteur, nous aussi, nous exploiterons notre liberté de "créatrice," pour lire afin de comprendre. Nous mettrons l'accent sur le présent de l'oeuvre et la mise en oeuvre de la lecture. Toutes les formes de communication extra-linguistiques et extra-culturelles participeront à cette démarche en vue d'une compréhension totale de l'ouvrage. Nous comptons ainsi frayer le chemin à une étude soutenue, figurative et structurale sur Camara Laye.

La mythocritique s'avère donc nécessaire comme outil de travail. Cette méthode est une démarche scientifique et anthropologique qui peut dévoiler les soi-disant inconnaissables. Gilbert Durand explique ainsi le système de la mythocritique et sa compétence d'informer sur une culture donnée:

> La mythocritique, en apparence revenant —par - delà les aventures biographiques et les structurations existentielles—à une position culturaliste, prend pour postulat de base qu'une "image obsédante", un symbole moyen, pour être non seulement intégré à une oeuvre, mais encore pour être intégrant, moteur d'intégration et d'organisation de l'ensemble de l'oeuvre d'un auteur, doit s'ancrer dans un fonds anthropologique plus profond que l'aventure personnelle enregistrée dans les strates de l'inconscient biographique. Ce fonds primordial, c'est, pour l'individu, à la fois l'héritage culturel, l'héritage de mots, d'idées et d'images qu'il trouve linguistiquement et ethnologiquement déposés dans son berceau, et à la fois l'héritage de cette surculture (surculture, disons-nous puisque toute culture s'origine nécessairement aux structures—limitées—du comportement humain, des attitudes fonda-mentales de l'espèce zoologique *homo sapiens*), qu'est la nature de l'espèce humaine avec toutes ses potentialités d'espèce zoologique singulière. Car la fameuse "nature humaine," bien loin de fondre *l'homo sapiens* dans l'indétermination d'une Nature objective et amorphe, est déjà équipement structural de gestes, d'attitudes, de champs d'images, qui la singularise comme la singulariseront les dérivations culturelles de cette nature spécifique qui est bien une

surculture, ce qui rend la détermination à toute culture possible.³

La mythocritique des romans layéens s'accomplit dans trois paramètres. *Tout d'abord*, on suit la synchronicité des textes en lisant minutieusement mot à mot, ligne par ligne, pour découvrir et relever les *mythèmes*, c'est à dire les plus petites unités de discours mythiquement significatives, qui sont plus ou moins redondants ou obsédants. Nos découvertes constituent la première partie intitulée, "Constellations Symboliques". Cette partie a un seul chapitre: "Réseaux de Mythèmes Associatifs". A ce premier niveau s'accomplit une exploration des symboles et des images des oeuvres et leurs relations. Il s'accomplit aussi simultanément une compréhension *"immédiate"* des textes, qui est assez évidente, simple et simpliste. C'est ainsi, par exemple, que *L'Enfant noir*, oeuvre magistrale de Camara Laye, se présente aux yeux des lecteurs *"inavertis"* comme les souvenirs autobiographiques et romantiques, légèrement modifiés, d'une enfance heureuse, idyllique, presque féerique dans un pays ouest-africain. La profusion des critiques sociologiques de ce récit rentre dans ce domaine, y compris la fameuse boutade d'Eza Boto, c'est-à-dire Mongo Béti, contre les soi-disant Africains *"noirs"* qui font de la littérature *"rose"*. Or, la critique mythologisante y trouve autre chose. *Puis*, diachroniquement, on suit le fil et les événements des textes et leurs redondances pour découvrir certaines habitudes de dire ou de décrire les situations et les groupements de situations, les décors et les personnages, lesquelles viennent et reviennent comme si elles obéissaient à une obsession, inconsciente, peut-être, à l'auteur même. Suivant ces répétitions non tautologiques, nous établissons la structure fondamentale de l'étude, en l'occurrence, la structure initiatique. Elle constitue la deuxième partie en trois chapitres succédents: "Chaos," "Mort Symbolique" et "Renaissance.". Nous passons à la compréhension *"médiate"*, ésotérique. *L'Enfant noir*, pour reprendre cet exemple, n'est plus une *"Ile au Trésor"*, c'est-à-dire le récit d'une enfance innocente, mais une *"anamnèse"*, où l'enfant noir du forgeron regarde son père exercer son métier et les saisons passer parce qu'il va, lui aussi, un jour forger et changer. *Ensuite*, suivant la chronologie de la structure établie grâce aux mythèmes repérés, nous avançons une interprétation en employant les différentes leçons du mythe et de la mythologie de l'Afrique, ainsi que tels autres mythes et telles autres mythologies du monde qui s'avèrent nécessaires. C'est comme un mariage, en dernière analyse, entre notre compréhension de l'univers mythique des textes et l'intention de l'auteur, ce qui mène à la dernière partie en trois chapitres, qui traite des valeurs philosophiques et morales de l'étude. C'est la synthèse de la leçon du mythe qui découle des trois romans de Camara Laye. Le chapitre cinq traite d'une "Philosophie de l'Existence," le chapitre six traite d'une manière générale de l'"Éthique et Destin," et le chapitre sept, le dernier chapitre de cette étude, traite de l'"Éthique Eschatologique." Du point de vue religieux, spirituel et mystique donc, cette troisième partie est un système africain, qui se montre cohérent devant la fragmentation issue de la science positiviste, et devant la minimisation des valeurs du mythe et du rite dans la culture occidentale. C'est, enfin, la panacée au désespoir et à l'aliénation de l'homme moderne.

Pour réussir cette tâche, nous nous sommes fortement appuyées, dans un premier temps, sur les apports à la science et à l'imaginaire de Gilbert Durand et de Gaston Bachelard, ainsi que sur les travaux en anthropologie de Dominique Zahan, de Mircea Eliade, de Henri Zimmer, et la liste peut continuer. Grâce à la mythocritique et les perspectives des anthropologues, nous comptons faire quasi infalliblement l'analyse oblique des romans layéens. A vrai dire, la mythocritique est une méthode non-partiale, qui nous apporte une façon de lire les textes et qui, une fois maîtrisée, ne permet plus la lecture des oeuvres littéraires comme on le faisait auparavant. Certes, certains détails pourraient nous échapper, mais nous comptons sur nos lecteurs de bonne foi pour combler les lacunes où elles existent.

Nous n'avons eu aucune difficulté à circonscrire les limites de l'étude aux trois premiers écrits d'une grande envergure de Camara Laye: *L'Enfant noir*, *Le Regard du roi* et *Dramouss*. Ce sont des oeuvres d'imagination originale qui racontent l'aventure d'un homme simple contre l'existence. Que ce héros, porteur symbolique du destin d'"*Everyman*" se nomme indifféremment "Je", Clarence ou Fatoman, n'est pas de la moindre importance, quant à notre méthode analytique. Il aurait pu être vous-même ou moi-même. Ses aventures sont fictives et probables; personnelles et poétiques et, par conséquent, universelles et philosophiques. Le temps présent et le temps mythique y prédominent. Or, le quatrième écrit, *Le Maître de la Parole*, met en vedette un héros merveilleux et surnaturel, qui naquit dans les nuages noirs, les arcs-en-ciel, les cyclones et le tonnerre. Le récit n'est même pas une oeuvre d'imagination originale. La légende de Soundiata, de laquelle parle ce récit, dure de 1230 à 1830. Cette dernière date est l'année de la naissance de l'Almamy Samory Touré, dont le nom connote, dans l'histoire de la colonisation de l'Afrique, la plus connue résistance africaine contre les Français. La légende a plusieurs versions dont: *Soundiata: L'Epopée Mandingue* de Djibril E. Niane, *Sunjata: Three Mandinka Versions* et *Kaabu and Fuladu: Historical Narratives of the Gambian Mandinka*, de Gordon Innes, et *The Epic of Son-Jara: A West African Tradition* de John W. Johnson. Cette constatation souligne le caractère non-fictionnel de ce récit historique que l'on peut comparer à *Doguicimi* de Paul Hazoumé. Camara Laye, lui-même, cède pratiquement sa place d'auteur de ce récit puisqu'il se considère comme le transcripteur-traducteur de Babou Condé, le griot traditionaliste, auteur de la légende. D'après Laye, ce "*maître de la parole*" est "*... un homme que l'idée de signer son oeuvre—car il est fin lettré en arabe—n'effleurait même pas; un homme qui se considérait comme un simple conteur et non comme un artiste, un homme qui n'était nullement à son propre service, mais au service de la société, de la parole et de l'au-delà ...*" (MP; p. 29). Laye le compare davantage aux imagiers et peintres moyennageux de l'Europe. Qu'on nous entende bien: Camara Laye n'a fait que transposer en forme écrite littéraire l'ouvrage oral de Babou Condé.

Pour éviter l'extrême difficulté ou confusion qui peut naître de l'emploi des termes relatifs à l'imaginaire, nous ajoutons une explication du vocabulaire technique de l'ouvrage suivant l'exemple de Gilbert Durand, de Carl Gustav Jung et de Jean-Paul Sartre. Dans cette tâche ardue de chercher et d'établir un atlas des mythèmes associatifs, notre conscience dispose de deux manières de voir les mots: *directement*, "*en*

chair et en os," pour ainsi dire, et *indirectement,* comme la représentation
par une *image* du produit de l'imagination ou du souvenir.

Image et *Symbole* se substituent fréquemment et mutuellement dans
cette étude, comme un *signe,* c'est-à-dire un signifié dans le sens
linguistique du terme, ou comme un *signal,* qui annonce ce qu'il
représente. C'est une manière économique de remplacer une idée. *"La
croix,"* par exemple, trace rapidement l'idée et toutes les connotations de
l'épreuve spirituelle et de la rédemption ou renaissance qui suit. Les
constellations des images ou des symboles dénotent d'une manière simple
leur puissance à se propager et à se regrouper selon leur *"bassin
sémantique",* c'est-à-dire leur auréole de signification. Ainsi, dit Gilbert
Durand: *"L'ensemble de tous les symboles sur un thème éclaire les symboles les
uns par les autres, leur ajoute une 'puissance' symbolique supplémentaire."*[4]

Dès l'attaque de la structure initiatique, nous passons des
perceptions objectives aux abstractions imbues de qualités spirituelles et
mystiques et aux domaines philosophiques et moraux. Ce n'est plus
facile de présenter les images directement parce qu'on a affaire aux
concepts de construction théorique: Destinée, Vérité, Salut, Justice, Grâce,
Dieu. L'*allégorie* dénote donc un être ou un décor punissant ou absolvant
le *néophyte,* ce personnage qui doit subir des épreuves symboliques, et
mourir à sa vie passée afin de renaître transformé. Dans ce trajet
initiatique, différents objets des bassins sémantiques "diurne" et
"nocturne" sont utiles au héros: prison, forêt, Palais de Justice, bâton,
houe, grotte, épée, fusil, couteau, barque, pour ne citer que ces exemples,
et nous avons affaire à des *emblèmes* ou à des *motifs.* L'allégorie traduit
concrètement une idée qui n'est ni facile à saisir ni à exprimer d'une
façon banale, bien qu'elle s'explique en employant des emblèmes.

L'*archétype* n'est que l'image originelle, primordiale, sorte de
prototype qui dépasse l'ambiance immédiate pour atteindre l'universel.
Un bon exemple est *la mère,* image innée et collective que nous
rencontrons partout et souvent chez Laye. Nous soulignons ici
l'importance essentielle des archétypes comme images stables. Aux
schèmes—c'est-à-dire aux généralisations dynamiques et affectives des
images—de la transformation du héros, se regroupent des archétypes de

l'ascension, du guide, de l'or, de la lumière, du sommet, de l'Arbre de vie, du baptême, etc. Les archétypes du feu transformateur et de l'inondation du rituel baptismal sont autant d'exemples des schèmes qui agissent brusquement. La case, le bateau, la barque, la grotte sont quelques-uns des archétypes constants aux schèmes de blotissement. Le schème de *"descente aux enfers"* regroupe les archétypes de la prison et de ses hautes murailles, du trou et de la forêt. L'archétype diffère fort du simple symbole parce qu'il manque d'ambivalence. L'image du serpent, comme on notera dans ce livre, est polyvalente puisqu'elle symbolise le cycle de la vie et de la mort. Or un archéytpe tel que la *"roue"* ou *"le cercle"* ne peut fournir autre chose à l'imaginaire en dehors de celle de l'archétype du cycle et du Temps, la signification que toutes les mythologies du monde lui ont conférée.

En conséquence de l'orientation de notre présent travail, le terme de *mythe* est une sorte de récit qui n'a rien à voir avec la signification ordinaire que l'on donne à ce mot—celle de *"contes de fées."* Notre interprétation de l'imaginaire dans les romans layéens est un récit mythique, une analyse qui explique les schèmes des symboles et des images gros de la signification profonde de l'oeuvre, et son système philosophique et moral. Nous avons pu atteindre ce message de l'auteur à l'humanité en opérant sur la *structure* initiatique que nous avons établie. Cette structure est un modèle permettant l'analyse aussi bien que l'interprétation de l'oeuvre. Elle se répartit en trois *régimes,* c'est-à-dire en constellations d'images ou bassins sémantiques *"diurnes"* ou *"nocturnes,"* selon que le stade spirituel du héros soit celui du chaos, de la mort symbolique ou de la renaissance.

A ce point, nous réitérons que nous n'avons nullement la prétention d'avoir épuisé le fond symbolique, philosophique et moral des trois romans que nous avons étudiés. Dorénavant, il faudrait que nos successeurs prennent le rélai quant à l'essai de l'imaginaire comme méthode d'analyse littéraire. Etant donnée la nature subjective des symboles et le souci du lecteur mythologisant de rester objectif, on aurait intérêt à lire d'abord *Les Structures Anthropologiques de L'imaginaire* de Gilbert Durand. On pourrait même trouver une nouvelle structure qui inclurait *Le Maître*, sorte de discours d'adieu de Camara Laye et, plus tard, le roman inédit, "L'Exil". Il faudrait aussi étendre la mythocritique aux écrits des écrivains africains dont les oeuvres trahissent la prépondérance des matières ethnographiques. C'est ainsi qu'on contribuerait, un jour, à la mythanalyse de notre époque historique.

NOTES DE L'INTRODUCTION

[1]Gilbert Durand, *Figures mythiques et Visages de l'oeuvre*, p. 168.

[2]Jean Burgos (ed.) – *Méthodologie de L'imaginaire*, p. 158.

[3]Gilbert, Durand, op. cit. p. 168.

[4]Gilbert Durand, *Imagination Symbolique*, p. 15.

PREMIERE PARTIE

CONSTELLATIONS SYMBOLIQUES

On veut toujours que l'imagination soit la faculté de former des images. Or elle est plutôt la faculté de déformer les images fournies par la perception, elle est surtout la faculté de nous libérer des images premières, de changer les images. S'il n'y a pas changement d'images, union inattendue des images, il n'y a pas imagination, il n'y a pas d'action imaginante. Si une image présente ne fait pas penser à une image absente, si une image occasionnelle ne détermine pas une prodigalité d'images aberrantes, une explosion d'images, il n'y a pas imagination. Il y a perception, souvenir d'une perception, mémoire familière, habitude des couleurs et des formes. Le vocable fondamental qui correspond à l'imagination ce n'est pas image, c'est imaginaire. La valeur d'une image se mesure à l'étendue de son auréole imaginaire. Grâce à l'imaginaire, l'imagination est essentiellement ouverte, évasive. Elle est dans le psychisme humain l'expérience même de la nouveauté. Plus que toute autre puissance, elle spécifie le psychisme humain.

(Gaston Bachelard,
L'Air et Les Songes, pp. 7-8)

PREMIER CHAPITRE

▩ RÉSEAUX DE MYTHÈMES ▩ ASSOCIATIFS

Les schèmes des images et des symboles suivent le réseau des relations imaginaires. Ils transforment les trois romans de Camara Laye en une structure initiatique dominante et définitive, laquelle permet la réalisation du destin du héros et l'évolution de sa vocation de littérateur révolutionnaire.

La prépondérance des images et des symboles dans les récits transforment spontanément le discours ordinaire à la poésie. La sensibilité banale s'élève au sommet symbolique et découvre au lecteur la richesse de la culture et la civilisation africaines. Un bon exemple est la narration des prodiges dont est capable la mère du héros. Cette femme jouit de la protection de son animal-totem, le crocodile. Elle parle aux animaux qui lui obéissent. De là, le héros lamente la perte des aspects mystérieux de la civilisation africaine, à cause du Temps qui effrite et émiette tout: *"Mais le monde bouge, le monde change, [...] si bien qu'il semble que nous cessons d'être ce que nous étions [...], que déjà nous n'étions plus exactement nous-mêmes dans le moment où ces prodiges s'accomplissaient sous nos yeux"* (EN; p. 80).

L'image profite davantage de la mémoire involontaire et traduit les aspects durables du passé qui calment l'esprit troublé et inquiet du héros. Ce dernier revit, à plusieurs reprises, les images mythiques et immortalisées de sa maison onirique et de son enfance. Parfois, il se rappelle une expérience passée d'un instant de vie et en d'autres temps l'expérience passée de toute la vie. Quand il s'agit d'un moment de vie passé, c'est comme l'agglutination du passé, du présent et de l'avenir en un moment d'existence: *"Ma pensée voltigeait; elle évoquait mes oncles qui m'avaient si amicalement, si affecteusement choyé; elle embrassait l'avenir, enfin les passions futures. Et tout à coup, je me sentis heureux, en dépit de ma solitude..."* (DS; p. 61). Pour le deuxième exemple, nous nous rappelons l'épiphanie du héros à Adramé, lors de l'avènement du roi, qui se répétera à Aziana quand le héros verra une galerie semblable à celle qu'il avait vue à Adramé: *"L'uniformité de ces arcades et de ces piliers avait, au surplus, quelque chose de décourageant; c'était un peu comme une image de la Vie: les jours qui s'ajoutent aux jours, la même navrante répétition..."* (RR; p. 205). Un peu plus loin, le héros ajoute: *"Il faudra, un jour, que j'aille au bout de la galerie"* (p. 208). En somme, l'étude de l'imaginaire des romans de Laye revient à l'étude des symboles et des images qui jalonnent les récits. C'est suivre leurs transformations, leur auréole, leurs apparitions et leur dynamisme jusqu'à la découverte de la structure dominante de l'oeuvre.

La structure initiatique qui découle du dédale des discours dénote ce qui est caractéristique, permanent, fondamental et essentiel. Nous soulignons qu'il se peut que l'auteur n'ait pas conscience de cette structure d'autant plus que son quatrième roman, "L'Exil," reste inédit. Cette révélation ne saurait entraver notre interprétation vu que la nature de la terminologie de *"structure"* connote la permanence, l'inconscience et le fait qu'elle est aussi fondamentale. Pour atteindre la structure initiatique, nous avons pu établir deux grandes constellations d'images: les symboles élémentaux et les symboles ascensionnels.

Symboles Elémentaux

Cette première constellation regroupe les thèmes, les idées et les images autour des matières élémentales, les *"hormones d'imagination"* de Gaston Bachelard: l'air, le feu, l'eau et la terre. Ce sont les quatre éléments de l'alchimie ancienne. Pour Bachelard, chaque poète doit ressentir dans la profondeur de l'objet la présence d'un de ces quatre éléments. Or, nous découvrons, en outre, l'obsession de Laye avec les quatre éléments qui se présentent sans relâche d'un texte à l'autre.

L'EAU layéenne se rattache aux valeurs maléfiques et bénéfiques qui sont, d'ordinaire, les caractéristiques des symboles riches. L'eau se transforme facilement de l'eau potable et du lait nourricier à l'océan violent, fracassant et jacassant, symbole de l'Apocalypse et de Kronos, dévoreur de ses enfants. Tout l'entre-deux extrême manifeste la même ambivalence de l'eau archétypique. Le résultat est la multiplication du symbolisme de l'eau, à tour de rôle, en feu liquide, mer, vin de palme, marée, forêt, sang, mur, chevelure, soleil, sang-mêlé, lune, sueur, douche, inondation, vague, ilôt, bateau, pour ne retenir que cet atlas limité des mythèmes les plus importants. Ces symboles s'animent et se diversifient autour de l'image de l'eau, les uns comme les violents annonciateurs du Temps et de la condition humaine et les autres comme des paradigmes symboliques de l'eau profonde, l'eau maternelle d'Edgar Poe, qui appelle ses enfants au repos, sorte d'arme purificatrice euphémisée, qui annule les effets négatifs du Temps.

LE FEU layéen, comme l'eau, est aussi un symbole dynamique qui manifeste la bivalence. Selon la circonstance, il peut être ou bien purificateur ou bien destructeur. En tant qu'agent principal de transmutation du minerai, le feu est sexualisé. Il permet l'union mystique du forgeron et de la Divinité à travers le travail de l'or. Il est aussi valorisé comme la liqueur spermatique du forgeron la perte de laquelle, pendant sa mort symbolique au cours de son itinéraire spirituelle, engendre la vie. Plus que l'eau qui coule, mais moins abstrait et moins monotone que celle-ci, le feu agit dramatiquement pour brusquer le temps et renouveller le destin. Dans ce sens, il est le symbole de la transformation, de la purification et de la renaissance. Le feu dans la brousse, pendant la nuit, est une invitation à briser avec le passé, à renaître. Il mène au repos. Parfois le feu s'idéalise en dialectique de la parole créatrice, en lumière brillante et pure, en oeil et en phare comme la base de l'illumination spirituelle. Surtout au moment de l'illumination spirituelle, l'image du feu est celle de l'amour inconditionnel: *"Etre aimé veut dire se consumer dans la flamme; aimer c'est luire d'une lumière inépuisable, car aimer, c'est échapper au doute, c'est vivre dans l'évidence du coeur."*[1]

A ce point, l'importance chez Laye de l'image du feu, élément destructeur et bâtisseur, est évidente. Plus que l'eau, il est le symbole de spiritualisation parce qu'il donne l' intention de purifier le passé et le monde après leur destruction. C'est une force titanique qui promet renaissance et éternel retour. Est-il toujours difficile de voir pourquoi il existe autour du feu, les symboles aussi disparates que la forge, le foyer, le sexe, la flamme, l'incendie ou la conflagration, l'oeil, la lumière, le regard, la parole, la cigarette, le phare et l'amour, pour ne voir que cette liste assez limitée?

L'AIR layéen, par contre, garde sa nature d'air: liberté et mutabilité. Voilà pourquoi l'air, en général, manque de dynamisme du point de vue de l'imagination. Chez Laye, l'air se voit tantôt sous l'image du vent, agent de transmutation qui aide à la réalisation du *"coïncidentia oppositorum"* dans le travail initiatique du forgeron: *"N'était-ce pas les génies du feu et de l'or, du feu et du vent, du vent soufflé par les tuyères, du feu né du vent, de l'or marié avec le feu, qu'il invoquait alors; n'était-ce pas leur aide et leur amitié, et leurs épousailles qu'il appelait?"* (EN; p. 29). Parfois, il s'appréhende comme l'odeur, agent aphrodisiaque qui avance la marche en avant du héros vers la spiritualité: *"... il émanait de ces hommes étroitement agglomérés sous le ciel d'Afrique une odeur de laine et d'huile, une odeur de troupeau, qui plongeait l'être dans une espèce de sommeil."* (RR; p. 11). L'importance du symbolisme de l'odeur dans l'itinéraire spirituel du héros n'est pas à contester lorsqu'on observe la place que l'auteur lui consacre dans le récit. Il décrit avec insistance ses caractéristiques et ses effets hypnotiques et envoûtants. Un chapitre entier est intitulé "L'Odeur du Sud".

L'air chez Laye suscite le sentiment de l'immortalité ascensionnelle et de la restitution du passé. D'où la conjonction de ces images: odeur, arbre, aile, ange, vent, vol, nuage, ascension et élévation. Les images de l'élévation et de l'ascension expriment dans tous les rites d'initiation la liberté, l'abolition de la souffrance et de la condition humaine, et la transcendance des tribulations existentielles. A en croire Gaston Bachelard: *"L'élévation de l'âme va de pair avec sa sérénité. Dans la lumière et dans l'élévation se forme une unité dynamique."*[2]

LA TERRE est, peut-être, l'élément le plus riche de tous les quatre. Elle est présente dans le travail de transformation de l'or comme la marmite, sorte de berceau où a lieu l'union sexuelle du forgeron avec la matière. En d'autres temps, la terre recouvre les images de la femme, de la patrie, de la mère et de l'épouse, images archétypiques à cause de l'ambiguïté et la multivalence qui les dynamisent. Quitter la terre natale, c'est quitter la mère en quelque sorte. C'est s'exiler. Y retourner équivaut à la réconciliation psychologique avec la mère.

La terre dans toutes les mythologies du monde exerce une magie sur l'esprit de l'autochtone. Elle est la matière primordiale et mystérieuse dans laquelle l'homme veut éternellement retourner comme dans son dernier refuge. Aussi, la terre s'assimile-t-elle facilement à la Nature. C'est la maison au serpent qui, comme Janus, est la dialectique matérielle de la vie et de la mort. Animal complexe à multiples registres, le serpent dort sous terre et se montre ainsi maître des deux mondes: le monde du passé et le monde du présent, et partant de l'avenir.

L'image de la terre trouve, il nous semble, sa plus grande auréole dans le symbolisme de la grotte, ce *"refuge dont on rêve sans fin,"* selon l'expression de Bachelard. La grotte layéenne est un trou souterrain et obscur où le protagoniste rapproche spirituellement le passé, le présent et l'avenir. Comparé à la tanière mythologique, c'est un milieu magique où s'efface le Temps, où le héros affronte son destin.

L'image de la terre, comme celles de l'air, du feu et de l'eau réunit beaucoup d'autres symboles et images dynamiques qui, tous, donnent de grandes possibilités d'aider à la découverte de la structure initiatique qui sommeille dans les romans de Camara Laye.

Symboles Ascensionnels

Cette deuxième constellation d'images rassemble, pour sa part, une série de mythèmes ascensionnels. Ce sont des symboles et des images clés qui portent sur le concept du guide, de la mort et de l'or, ce métal qui est la quintessence du monde des minérais.

LE GUIDE, dans les mythologies variées du monde, est l'ami surnaturel qui aide le héros à sortir indemne de ses épreuves

labyrinthiques. Chez Laye, d'ailleurs, il y a autant de guides naturels
qu'il y en a de surnaturels. La propagation de l'image de guide en
personnages de femme, trahit l'importance que les femmes ont eu dans la
vie de l'auteur. La répétition de l'image de guide est assez *latente* dans la
commère. Nous voulons dire par là que l'image de la femme en tant que
guide y est camouflée ou masquée. Néanmoins, comme Ariane auprès de
Thésée, elle fournit au forgeron *le fil blanc* qui le guidera dans le
labyrinthe, sous forme de la poudre d'or. Mais, chez Dramouss, la
répétition symbolique est assez *patente* et rappelle la vieille dame de la
mythologie africaine qu'un devin, qui est, d'ailleurs, très compétent,
recommanda aux deux jeunes chasseurs, de ne pas malmener, afin
d'éviter la catastrophe au cours de leur aventure dangereuse. Leur
histoire est un vrai corollaire de celle du roi Oedipe. Ils sont partis pour
tuer le buffle qui menaçait le village de Dô: *"Ce devin les assura de leur
pleine victoire sur le buffle, mais à condition qu'ils fissent l'impossible pour se
mettre dans les bonnes grâces d'une petite vieille femme qu'ils rencontreraient à
la rivière, à l'entrée de Dafôlô: la clé de l'énigme du buffle se trouvait en elle!"*
(MP; p. 39). Cette femme surnaturelle, Dramouss, change d'aspect à son
gré et dirige la transformation psychologique du héros au cours d'un
rêve. Ce rêve complexe manifeste toutes les caractéristiques d'un rite de
passage. Comme la marâtre féerique, Dramouss guide le héros, tel un
Jonas dans le ventre de la baleine. Elle est comme le Sphinx qui dévoila à
Oedipe sa destinée incestueuse et meurtrière. Comme la femme
arraignée de la mythologie indienne, elle polarise en elle-même les
mystères redoutables de la femme et la férocité et l'agressivité du
phallus. En somme, elle est, tour à tour, belle et féroce, douce et violente.
Elle est parfois: *"femme belle, extraordinairement, dont les cheveux couvraient
les épaules, le dos et descendaient jusqu'aux chevilles"* (DS; p. 219), parfois,
*"une silhouette blanche, qui montait, prodigieusement dans le ciel, et qui était
comme revêtue d'un linceul blanc"* (DS; p. 221), et parfois, *"une femme géante,
aux traits fins, à la peau claire, belle d'une beauté incomparable, et dont la
chevelure, extraordinairement longue, couvrait les épaules et le dos, et
descendait jusqu'aux chevilles"* (DS; p. 223). Encore en d'autres temps, elle

se transforme au gros serpent noir, un *"serpent fusé,"* à vrai dire, qui porte le héros vers les lieux libres et saufs du ciel et du sommet de l'arbre.

D'autres corollaires de Dramouss sont Dioki, la sorcière, et les *femmes-poissons,* sorte de sirènes ou de mammifères d'eau, qui aident le héros à se métamorphoser, à grandir psychologiquement et spirituellement. Mimie (Marie, parfois), Habibatou, Kadidia, et Akissi rentrent dans l'image archétypique de l'épouse indispensable dans le déroulement du destin du héros. La mythologie ouest-africaine caractérise à juste titre l'énigme qu'est la femme de, *"ce feu qui te chauffe, auquel tu te brûleras!"*[3] Il y a encore Aline, la sexagénaire, et sa petite fille, Françoise, dont les contributions financières et émotionelles avancent le karma du héros pendant son parcours initiatique. Aline est non seulement vieille en âge, elle est aussi sage. Comme une mère, elle sait lire la faim dans le visage.

La répétition mythémique est faite d'une manière si patente, si explicite, d'ailleurs, que la femme-médecin en France, qui soigne le héros avec compassion lors de sa pneumonie, se nomme simplement La Doctoresse. Le stéréotype dit tout d'une manière économique en conférant au personnage le nom commun avec la majuscule. Etant donnée la figuration exagérée, elle n'est donc pas la doctoresse mais *"La Doctoresse,"* celle qui, parmi tant d'autres médecins, se mêle au destin du héros.

Les guides masculins, eux, sont, d'abord, les jumeaux aux noms anagrammiques, Noaga et Nagoa, puis Samba Baloum, l'eunuque, Le Maître des cérémonies, et Le Mendiant. Ces deux derniers, comme La Doctoresse, sont aussi des stéréotypes. Ce sont surtout Baloum, Noaga et Nagoa, parmi d'autres personnages, qui persuadent le héros de se présenter au roi à Aziana malgré son abjection et son manque de foi. Or, Le Mendiant guide le destin du héros depuis l'arrivée de ce dernier à Adramé jusqu'à leur arrivée, tous les deux, à Aziana, la ville où Baloum prend le relai avec Noaga, Nagoa et Le Maître des céremonies.

Le Mendiant personnifie explicitement le quémandeur archétypique à qui s'ouvre la porte quand il frappe. Chemain l'a comparé déjà aux mendiants sufistes musulmans de l'Afrique de l'Ouest, mendiants très audacieux qui *"exigent"* au lieu de quémander l'aumône.[4] Nous lui attribuons surtout le symbolisme de *"porte,"* lieu de passage d'un monde menacé à un monde sain et sauf, d'un monde sombre à un monde éclairé, illuminé. Le Mendiant se présente comme le maître du feu, le *"dieu déguisé"* de Roger Chemain,[5] qui est descendu du ciel pour guider l'initiation du héros. Il ressemble fort aussi, vu sa loyauté au et sa tromperie du héros, à Judas Iscariot ou même à Pierre auprès de Jésus Christ. Pour un âne et une femme il vend Clarence au roi local d'Aziana, le Naba. Mais contrairement à Judas qui vend son maître au peuple juif, Le Mendiant vend le sien au chef du peuple, le Naba. Or, dans les deux cas, rien ne diminue le degré de la trahison. Avant de disparaître de la vie du héros, ce mendiant termine *"l'ancien contrat,"* celui qu'il avait avec lui à Adramé et rouvre un nouveau contract qui commence à Aziana avec Baloum comme guide. C'est comme la mort du passé et l'intronisation de l'avenir.

LA MORT, en tant qu'image, se multiplie en plusieurs symboles funèbres: ténèbres, nuit, meurtre, flagellation, nuages noirs, baïonnettes et épaisses fumées noires. Vue de l'angle plus positif du symbolisme de porte, la mort en forme de voyage est très importante dans l'itinéraire spirituel du héros. L'image est celle de la *"porte étroite"* biblique, passage entre le passé et l'avenir. La lune, symbole de devenir, lui est une corollaire. On observe qu'à chaque moment critique du destin du héros la lune se présente pour *"surveiller,"* pour ainsi dire, son progrès spirituel. Par exemple, lors de sa recherche du chemin du Sud pour voir le roi, il tombe par miracle sur la porte étroite qui donne sur les champs: *"La lune caressait tendrement des carrés de culture et des enclos qui ressemblaient à des jardins de maraîchers"* (RR; p. 86).

L'OR en tant que symbole ascensionnel est divin, spirituel et purificateur. Il délivre de la mort. Dans les mythologies du monde, l'or est traité en roi des métaux à cause de sa noblesse. On le donne comme cadeau précieux à l'occasion du mariage. C'est le cas lors du mariage du héros, Fatoman, avec Marie. Le père du héros dit à Marie: " *Prends cet or quand même. Ce sera mon cadeau de mariage. Je suis heureux que mon fils t'ait épousée et que vous soyez venus me voir. Aussi mes bénédictions vous accompagneront-elles partout"* (DS; p. 238). L'or est aussi le symbole du pouvoir à l'occasion du couronnement du roi. Dramouss donne au héros un bâtonnet d'or au moment de l'Apothéose, suivant le succès de son initiation. L'or témoigne de la valeur de qui le porte.[6] Il se valorise aussi en amour extraordinaire. Le Mendiant dit à Clarence: *"L'or peut aussi être autre chose que l'or [...], l'un des signes de l'amour, si l'amour atteint à sa pureté"* (RR; p. 23). C'est justement dans ce sens que Mircea Eliade parle de l'or comme le symbole de la perfection et de l'immortalité.[7] L'or, en fin de compte, est un archétype de multivalence. Il est surtout la porte qui mène au salut.

Structure Initiatique

Il n'est pas indifférent de remarquer que ces images et ces symboles obsédants, qui scandent et reviennent d'une manière redondante, sans être tautologiques, ne laissent pas de doute sur la nature initiatique de l'expérience du héros (Schéma I). La structure importante décelable de l'amas des symboles est celle du trajet initiatique caractérisé par trois schémas: le chaos, la mort symbolique et la renaissance.

Ce genre d'initiation appartient au troisième degré de la classification des initiations, parce qu'il permet les expériences extatiques des rêves, des visions et des transes. A la fin de l'expérience, le héros réalise son destin et sa vocation, laquelle ressemble fort à l'expérience mystique des "Shamans" et des guérisseurs de la mythologie indienne.[8] Le néophyte mûrit suivant ses épreuves et ses expériences personnelles. Comme la graine, il meurt d'abord afin de re-naître.

L'initiation particulière de notre héros n'est pas simplement la purification baptismale, mais celle des épreuves et de la transmutation d'un destin. C'est la sorte d'initiation qui nous rappelle celle du monde africain traditionnel dont parle Gilbert Durand en ces termes:

> En Egypte l'initiation était en son fond une actualisation dramatique de la légende d'Osiris, de sa passion, de ses peines et de la joie d'Isis. Les mystères d'Isis constitués d'abord par un baptême purificateur, puis le mythe incarnait Set et Mal, déguisé en âne que l'on insultait et

> maltraitait, ensuite venait une épreuve de jeûne
> et de tentation, puis, phase capitale le myste était
> revêtu de la peau d'un animal sacrifié, emblème
> d'Osiris, d'où il ressortait enfin par la magie
> d'Isis, resuscité et immortel, juché sur un
> piédestal, couronné de fleurs, portant une torche
> allumée et salué comme un Dieu.[9]

Le parallèle quasi-explicite du décor ci-dessus à la transmutation de
Clarence, juste avant l'arrivée du roi, à Aziana, lors de la présentation
d'un mime de fécondation par Noaga et Nagoa, n'est pas contestable.
L'assimilation de l'Afrique ici à l'Egypte ne doit pas étonner non plus, vu
que cette dernière avec l'Ethiopie et la Nubie ont beaucoup contribué
culturellement à l'Afrique dans les domaines de l'art, de la religion et de
la métaphysique, surtout en ce qui concerne l'immortalité de l'âme.

Nous avons pu établir un schème qui étudie la structure initiatique à
deux niveaux. Au premier niveau *existentiel*, il part de Guinée et y revient
à la fin de ses parcours initiatiques à travers quatre *"stations de la croix"*:
France, Adramé, Aziana et Kouroussa (Schéma II). Marie-Louise von
Franz nous éclaire sur le sémantisme profond et mystique du numéro
quatre, lequel explique l'aventure existentielle de notre héros
symbolique. Le numéro quatre est censé être le modèle de la plénitude
dans toutes les structures relativement fermées de la conscience humaine.
Chez Les Romains, par exemple, les enfants, du premier jusqu'au
quatrième, reçoivent leurs propres noms de leurs parents. Au-delà du
quatrième enfant, on les nomme simplement selon les nombres
cardinaux: *Quintus, Sextus, Septimus, Octavius,* etc. Le rectangle et le carré,
comme le cercle, représentent la totalité. Au Moyen Age, les Européens
avaient leur quatre éléments, l'eau, le feu, l'air et la terre. Le processus
alchimique se poursuivaient en quatre étapes, du nigredo au
mûrissement du fer en parcelle étincellante de lumière, en passant par le
rouge et le blanc. Il y avait aussi quatre tempéraments et quatre états.
D'où, peut-être, de nos jours, le modèle de l'univers à quatre dimensions
d'Albert Einstein. Il y a quatre forces distinctes dans la Nature: nucléaire,
électrique, décomposeuse et gravitationnelle. Même la substance
génétique DNA et la substance de la mémoire RNA ont des bases
quaternaires qui aboutissent en plusieurs variations ($4^3 = 64$). Chez les

musulmans, la géomancie, une technique de divination, se fait par un système quaternaire. Pour les Chinois, le numéro 5 qui vient juste après le numéro 4 n'a pas sa propre valeur. On le prend pour le quatre *"centré"*, parce que, selon leur propre compréhension de l'univers, au-delà du numéro quatre, rien n'existe. Le numéro 1 représente l'eau et le Nord, le numéro 2 représente le feu et le Sud, le numéro 3 représente l'air ou le bois et l'Est, et le numéro 4 représente la terre et l'Ouest.[10] Selon Carl Gustav Jung, l'être humain possède une disposition psychique et archétypique à une structure quaternaire. Aussi, avons-nous quatre ou huit points du compas pour désigner l'espace. Le nombre quatre se mêle à la conscience pour donner forme aux objets inexistants qui se trouvent dans l'inconscient collectif. D'abord, par la perception ou la sensation, puis la pensée, ensuite le sentiment et finalement l'intuition, nous appréhendons les objets autour de nous. Ce dernier fait ressemble au niveau ontologique à la division de notre horizon en quatre: L'Est, l'Ouest, Le Nord et le Sud. Il se rapproche aussi de la repartition de l'année en quatre saisons: l'hiver, le printemps, l'été et l'automne. Chez les Igbos du Nigéria, il y a quatre jours de la semaine: *Eke, Oye, Afo, Nkwo.*

Ainsi l'aventure de notre héros à travers les quatre coins du monde est comme l'ultime expérience de l'être qui n'atteindra la grâce qu'au bout du chemin, qu'après avoir vécu pleinement sa vie. Au deuxième niveau *spirituel* donc, l'initiation du héros se déroule en trois étapes: chaos, mort symbolique et renaissance (Schéma III), trois étapes qui nous rappellent, en quelque sorte, la Trinité biblique au nom du Père, du Fils et du Saint Esprit. Nous voilà encore au même thème de totalité et de plénitude.

SYMBOLES ET IMAGES CLEFS	GROUPEMENT DE MYTHÈMES ASSOCIATIFS
1. Symboles Elémentaux	
EAU	Eau, feu liquide, océan, mer, lait, forêt, vin de palme, marée, sang, mur, chevelure, soleil, sang-mêlé, lune, sueur, soif, douche, inondation, vague, ilôt, bateau.
FEU	Feu, forge, foyer, sexe, flamme, incendie, oeil, lumière, regard, parole, cigarette, phare, amour.
AIR	Air, vent, odeur, arbre, nuage, aile, ange, vol.
TERRE	Terre, femme, patrie, mère, épouse, serpent, grotte, caverne.
2. Symboles Ascensionnels	
GUIDE	Commère, Dramouss, Dioki, Akissi, Marie, Aline, Françoise, La Doctoresse, Le Mendiant, Baloum, Noaga, Nagoa, Le Maître des cérémonies, Habibatou, Kadidia, Lion Noir.
MORT	Mort, exil, ténèbres, nuit, meurtre, nuages noirs, sommeil, flagellation, baïonnettes, épaisses fumées noires, porte, inondation, fusil, torpeur.
OR	Or, vie, mort, amour, divinité, royauté, spiritualité, souveraineté, autonomie, bâton, immortalité, perfection, salut.

Schéma I: Constellations des Images et des Symboles

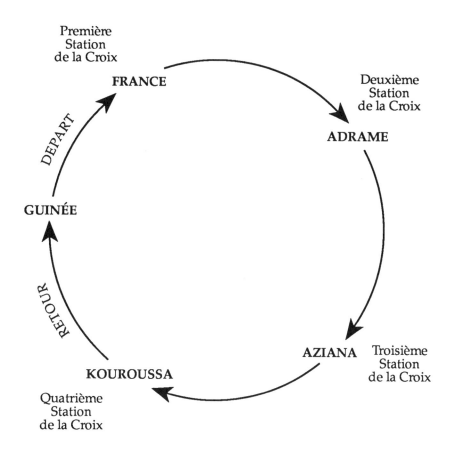

Schéma II: Structure Initiatique sur le plan existentiel

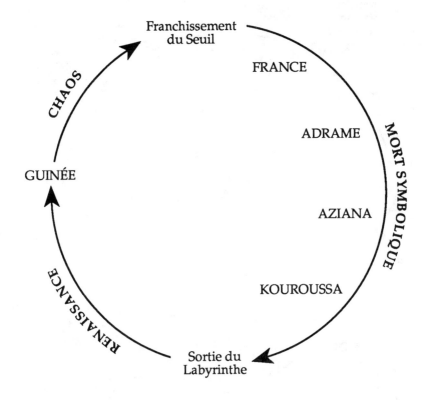

Schéma III: Structure Initiatique sur le plan spirituel

NOTES DU PREMIER CHAPITRE

[1]Gaston Bachelard, *La Psychanalyse du feu*, p. 173.

[2]Gaston Bachelard, *L'Air et les songes*, p. 139.

[3]C. Quillauteau, *Bernard Binlin Dadié*, Paris, Présence Africaine, 1956, p. 126.

[4]Roger Chemain, *L'Imaginaire dans le roman africain*, p. 385.

[5]Ibidem, p. 384.

[6]Mircea Eliade, *Forgerons et Alchimistes*, pp. 54-55.

[7]Ibidem, pp. 53-56.

[8]Mircea Eliade, *Naissances Mystiques*, p. 23.
Voir aussi Simone Vierne, *Rite, Roman et Initiation*, p. 5.

[9]Gilbert Durand, *Les Structures*, pp. 351-352.

[10]Pour s'informer davantage du sémantisme du numéro quatre il faudrait voir, Marie-Louise von Franz, *Number and Time: Reflections Leading Toward a Unification of Depth Psychology and Physics*, Evanston, Northwestern University, 1974, pp. 101-129.

DEUXIEME PARTIE

STRUCTURE INITIATIQUE

L'initiation touche la question essentielle de la condition humaine; il n'est donc pas surprenant que, du fond de l'inconscient, lorsque les pratiques et les croyances sont abandonnées, elle ressurgisse et s'exprime de façon plus ou moins voilée dans les oeuvres littéraires. Ainsi bien la critique parle-t-elle de plus en plus de poèmes, de contes, de romans initiatiques.

(Simone Vierne, *Rite, Roman et Initiation.* p. 5)

DEUXIÈME CHAPITRE

⊠ CHAOS ⊠

*La lecture globale (doit être) sensible aux
similitudes et aux oppositions, aux reprises et
aux variations ainsi qu'à ces noeuds et à ces
carrefours où la texture se concentre ou se
déploie.*

(Jean Rousset, *Forme et
Signification*, 1970, p. XII)

Le héros se cherche et ne connaît pas la voie de son destin. Il manifeste
une angoisse extrême devant le changement qu'il observe autour de lui.
Il déteste la fuite du temps qui emporte la meilleure partie de son
enfance. Il veut comprendre la condition humaine et pose la question de
savoir si, *"la vie était ainsi faite, qu'on ne pût rien entreprendre sans payer
tribut aux larmes?"* (EN; p. 157). Effrayé devant le mystère de la mort, il
éprouve des hallucinations après la mort de son ami, Check. Au milieu
de la nuit, il se réveille, le corps inondé de sueur. Il veut comprendre les
dichotomies amour-filial et amour-passionnel; amour de la patrie et
amour de la Nature immense, et la vie et la mort. Il s'émerveille du poids
de la foi et du destin. Subitement, il a une prise de conscience et dit: *"tout
ce que chantaient les griots à présent; je me voyais désormais contraint de le
réaliser un jour, si je ne voulais pas à mon retour, à chaque retour, avoir l'air
d'un âne"* (EN; pp. 162-163).

   Ce destin se réalisera dans la durée, petit à petit, au cours des
aventures existentielles et spirituelles. Mais avant son départ, le héros

doit d'abord faire ses préparatifs dans la Nature, dans la forge de son père, à l'école traditionnelle et plus tard à l'autre école qui est occidentale, et par le biais des rites de puberté.

Moisson du riz

S'agissant de la récolte du riz, le héros apprend le respect pour la Nature en aidant les fermiers dans les champs. Sans respect pour la Nature, cette *"mère immensément élargie"* de Gaston Bachelard, il ne pourrait pas réaliser son destin sans dommage à son sens du sacré. Tout travail dans la Nature transforme l'homme et le rend le contemporain et l'égal de la Divinité. Le fermier est d'une caste aristocratique et noble parce qu'il se trouve indépendent d'autres professionels. Il se nourrit et entre en contact direct avec la terre sans aucun intermédiaire. D'une extrême sobriété, il considère la terre comme le seul compagnon digne de son effort. Les aspects concrets de la nature, les arbres, les rochers, et les éléments, sont les propriétés de la Divinité. Ils méritent le respect de l'homme. Le fermier médite donc ses actes et ses paroles avant d'agir. La façon prudente, c'est de tracer fidèlement les mouvements cosmiques évidents dans les saisons, tout comme les dieux l'ont déjà fait *in illo tempore.* Voilà la façon d'assurer son salut. Ainsi il s'entoure des choses défendues, des règles et des prescriptions contre ceci et cela: *"Mais au juste, qu'était-ce qu'un génie? Qu'étaient ces génies que je rencontrais un peu partout, qui défendaient telle chose, commandaient telle autre?"* (EN; p. 16).

Nous lisons que la date de la récolte n'est pas fixée. Tout dépendait *"de la maturité du riz, et celle-ci à son tour dépendait du ciel, de la bonne volonté du ciel. Peut-être dépendait-elle plus encore de la volonté des génies du sol, qu'on ne pouvait se passer de consulter"* (EN; p. 55). Même le signal de la moisson finalement donné, les danses frénétiques des moissonneurs à la suite des joueurs de tam-tam imitent les gestes rythmiques de l'union sexuelle primordiale du Ciel et de la Terre, hiérogamie qui résulta en la fécondation du champ agraire du Commencement.[1] Ainsi à travers des symboles et des images, notre héros ne voit que la sacralité dans la Nature. Il semble même que son propre progrès spirituel et psychologique dépend de la volonté et la grâce de Dieu qui seul sait l'heure et la date de la maturité du néophyte.

L'entrée des moissonneurs rangés en file indienne dans les champs rappelle la pénétration de l'humanité dans le temps mythique. Leur cri de joie rappelle le sentiment de satisfaction dont jouit le créateur. Ils lancent leurs faucilles en l'air et les rattrappent au vol, répétant ainsi, selon Bourgeacq, *"le mouvement giratoire de la création du monde, et de tous les objets célestes venus sur terre."*[2] Ivres de joie, à cause de leur participation à l'acte cosmogonique de la création, voire de la modification de la Nature, ainsi qu'à leur association au mythe paradisiaque et nostalgique du Commencement, ils poussent des cris d'animaux et d'oiseaux, comme les ancêtres du début du monde qui apprenaient le langage.[3] Notre héros se rend compte du pouvoir créateur ou destructeur du verbe. Pour le mythe cosmogonique de plusieurs nations de l'Afrique de l'ouest, la parole est tout. Elle tue et crée. Elle fructifie, apprend à faire la cuisine, et fait renaître.[4]

Le héros apprend que même les outils de création, en l'occurrence ceux de l'agriculture, proviennent des dieux. Selon la mythologie mandéenne, la coupure du corps du dieu de la mer, Faro, en soixante pièces, qui retombent sur la Terre pour la féconder et fournir les nécessités du foyer, commença le mythe du créateur comme celui de *l'homo faber* dont le travail est aussi un *orare*.[5] Car se mêler au jeu des dieux est assez dangereux mais nécessaire pour améliorer la condition humaine. Le narrateur dit: *"Ces faucilles allaient et venaient avec une rapidité, avec une infaillibilité aussi, qui surprenaient. Elles devaient sectionner la tige de l'épi entre le dernier noeud et la dernière feuille tout en emportant cette dernière; eh bien! elles n'y manquaient jamais"* (EN; p. 58). Cette scène renforce l'opinion de Mircea Eliade sur la sacralité du créateur et le travail qu'il fait:

> Faire quelque chose, c'est connaître la formule magique qui permettra de l'inventer ou de le 'faire apparaître' spontanément. L'artisan est de ce fait un connaisseur de secrets, un magicien— aussi tous les métiers comportent-ils une initiation et se transmettent-ils par une tradition

occulte. Celui qui fait des choses efficaces est
celui qui sait, qui connaît les secrets de les faire.[6]

Ainsi les joueurs du tam-tam, eux aussi, sont les contemporains du dieu
créateur de jadis. Ils donnent le signal de la moisson, puis ils suivent les
moissonneurs à mesure qu'ils pénètrent dans le champ. Ces tam-tams
sont la parole de l'Origine qui réactualise le premier acte créateur. Ils ne
"retentissaient que lorsque ces [les] prémices étaient coupées..." (EN; p. 56).

La terre que l'on travaille est le corps du dieu dont le totem est le
serpent, symbole de la mort et de la vie: *"cultiver les champs,* nous dit
Viviana Pâques, *c'est cultiver le corps du python [...] car c'est de lui que sont
sorties toutes les graines qui produisirent les récoltes futures."*[7] Il y a donc
défense de siffler pour ne pas irriter le dieu: *"on ne doit ni siffler ni
ramasser du bois mort durant tout le temps que dure la moisson: ce sont des
choses qui attirent le malheur sur le champ"* (EN; p. 66). Les moissonneurs
ont constamment crainte de la morsure des serpents. Lorsqu'ils
accomplissent leur travail sans dommage, ils font le sacrifice aux génies
parce que, *" [...] pas un de nous qui eût été mordu par les serpents que notre
piétinement dans les champs avait délogés"* (EN; p. 67).

On coupe la première javelle du champ du riz et on la donne en
sacrifice aux génies de la terre. Cela témoigne de l'importance du
sacrifice dans la quête spirituelle. Personne n'entre dans le champ avant
que chaque chef de famille n'ait déjà retiré sa propre javelle. On y
entrevoit l'idée de l'âme unique, qui unit tous les hommes, tous les
arbres et tous les animaux dans la moisson et le chant en choeur des
hommes: *"La même âme les reliait, les liait; chacun et tous goûtaient le plaisir,
l'identique plaisir d'accomplir une tâche commune"* (EN; p. 63). Toute la
nature participe à ces mystères de la renaissance, y compris la saison.
Voilà une leçon qui rendra grand service au héros au cours de ses
voyages d'aventure. Les moissonneurs, frappés d'une manière beaucoup
plus mystérieuse, sont transfigurés. Leurs regards, *"paisibles, lointains et
comme absents,"* traduisent la douceur des hommes qui ont rejoint leur
terre promise, l'heureux Nirvāna.

Pourtant, le héros reste à l'écart du mystère du destin parce qu'il
s'inquiète toujours de l'avenir et ne se sent pas totalement un avec les

moissonneurs: *"J'étais près d'eux [...], et je n'étais pas entièrement avec eux"* (EN; p. 64). Faut-il faire comme son oncle Bô, le jumeau qui, comme l'oiseau, élément de transcendance, vole d'un coin à l'autre, partout à travers le ciel? *"Et moi,* demande-t-il à son autre oncle, *serai-je aussi, un jour, comme l'oiseau?"* (EN; p. 62). Mais son esprit a toujours besoin d'être excité par d'autres mystères pour qu'il soit poussé à l'aventure. Son oncle répond à sa question en disant: *"Tu as encore le temps d'y penser, en tout cas"* (EN; p. 62). La durée, en effet, va tout changer. Prochainement, il va donc rechercher ses origines fondamentales avant sa rentrée définitive dans la société.

Nuit de Konden Diara

La nuit de Konden Diara, autrement dit la cérémonie du "grand lion", est un rite de puberté qui enseigne la bravoure aux adolescents de douze ou treize ans. Elle apprend à ces enfants incirconcis les faits fondamentaux de leur existence avant leur socialisation. En tant qu'êtres humains qui portent toujours en eux-mêmes leur *anima* et *animus,* voire leur féminité et masculinité, ils restent de beaux êtres extraordinaires, êtres androgynes qui vivent toujours dans leur solitude. Cette cérémonie les prépare davantage pour la plus grande cérémonie de la circoncision qui comporte une grande étape du sang versé par la coupure du prépuce. Ainsi la nuit spirituelle avec Konden Diara est une cérémonie qui éveille l'esprit du héros aux mystères du sacré par le biais de l'initiation. Plus tard, il va inconsciemment partir à l'aventure pour apprendre davantage.

D'abord, la sacralité de la cabane initiatique ne dépend pas de la qualité du lieu mais de son aménagement. Dans le lieu sacré, l'homme se sent en contact intime avec le cosmos. L'arbre au milieu de la clairière est le symbole du temps, vu qu'il suit le rythme saisonnier dans sa croissance. L'arbre est aussi le symbole de la Divinité à laquelle il lève ses branches. Le grand fromager à la clairière de la forêt, qui rappelle l'*Axis Mundi* et l'Arbre de vie, voire l'Arbre de Jesse, est en temps ordinaire un arbre comme les autres. La clairière est aussi une clairière comme les autres. C'est une sorte de carrefour auquel mène un sentier ou deux. Le carrefour, lui, dans la religon africaine, est symbolique du temple de

Dieu. C'est le point où les puissants pouvoirs célestes convergent pour la protection de l'être et la communauté. Selon Jean-François Marquet:*"La clairière est, elle aussi, lacune dans le tissu opaque de la forêt, intervalle et vide, absence et blessure, mais absence où la voix peut résonner et la lumière se présenter: c'est dans cette clairière du temps que l'homme est ex-posé au monde, présence instable dans l'écart d'une mort toujours `a venir et d'une origine toujours perdue."*[8] La conjonction de la nuit et du grand feu au milieu de la forêt transforme l'espace en une sorte de havre temporaire pour ces enfants à demi étranglés par la peur.

Les adolescents apprennent à respecter la mort qui engendre la vie. Courbé au sol en un silence de mort, au rugissement de Kondén Diara, ils ressemblent aux nouveau-nés: *"Je me fais tout petit, nous nous faisons le plus petit que nous pouvons,"* dit le héros (EN; p. 111). L'image nous rappelle littéralement le discours de Jésus Christ lorsqu'il dit qu'il faut se comporter comme un enfant si l'on veut entrer dans le royaume de Dieu.[9]

Le fait qu'un*"groupe"* de ces enfants suive la cérémonie souligne l'importance de rester solidaire avec la communauté dans les matières spirituelles. Cette leçon est renforcée par l'observation des fils blancs qui relient *"tous les très grands arbres,"* et *"toutes les cases un peu importantes,"* à l'immense fromager de la clairière le lendemain de la cérémonie. Les néophytes sont autant de *"fils purifiés"* prêts à rejoindre la grande société. Ils apprennent les chants qui servent, avant tout, à les séparer des camarades qui n'ont pas encore subis l'épreuve. Mais le héros, est-ce qu'il est, à ce stade, prêt à partir à l'aventure? Dans sa propre expression: *"Tant que nous n'avons pas été circoncis, tant que nous ne sommes pas venus à cette second vie qui est notre vraie vie, on ne nous révèle rien, et nous n'arrivons à rien surprendre"* (EN; p. 119). Il va donc subir d'autres rites d'initiation afin de se préparer davantage.

Circoncision

Quand enfin vient l'heure de la circoncision, c'est la rupture avec leur état d'androgyne. Les néophytes perdent leur feminité. La tête rasée, affamés et à demi somnambules, les néophytes exécutent des danses frénétiques pendant sept jours. Eliade explique ainsi cette épreuve de résistance physique commune aux candidats à l'initiation:

> Ne pas dormir, ce n'est pas seulement vaincre la fatigue physique, c'est surtout faire preuve de volonté et de force spirituelle; rester éveillé veut dire qu'on est conscient, présent au monde, responsable.[10]

On comprendrait alors la déception de Jésus Christ à Gethsémané lorsqu'il voyait ses disciples dormir au lieu de veiller avec lui.[11] Le héros va apprendre le secret que renferme le symbolisme du sang versé: *"La vie jaillissait du sang versé!"* disait-il (EN; p. 125). Il faut *"payer le prix du sang,"* continue ce héros, pour que renaisse la communauté entière. Le sacrifice par l'immolation est l'ultime prière à la Divinité pour qu'il accepte le sang, c'est à dire la vie ou la force vitale du néophyte qui veut se racheter. Le nombre "sept" symbolise les sept étapes cardinales de la vie humaine depuis la naissance jusqu'à la mort.

L'idée de la renaissance de la communauté est aussi soutenue par le fait que les gens font des cadeaux de tous genres aux néophytes. Ils les gâtent avec l'abondance de nourriture qu'ils leur préparent. Mircea Eliade explique ainsi l'importance de ce contact communautaire dans la vie spirituelle:

> ... les excès remplissent un rôle précis et salutaire dans l'économie du sacré. Ils brisent les barrages entre l'homme, la société, la nature et les dieux; ils aident à faire circuler la force, la vie, les germes d'un niveau à l'autre, d'une zone de la réalité dans toutes les autres. Ce qui était vide de substance se rassasie; ce qui était fragmenté se réintègre dans l'unité; ce qui était isolé se fond dans la grande matrice universelle.[12]

Le renouvellement de la société entière qui se joint à la danse permet au héros de *grimper* du monde concret au monde spirituel. En permettant au sang de couler, il se libère des contraintes qui le défendent de voir et savoir. Ce sang versé est recueilli par le rocher, symbole du monde, qui se trouve devant lui. Cette perte de force vitale entame une réaction qui touche les êtres autour de lui et loin de lui vu qu'une unique âme tient le monde et que les objets animés et inanimés en sont les manifestations. La coupure du prépuce supprime le monologue chez le héros et détourne sa reflexion vers l'Autre, c'est-à-dire la société, la femme, la conscience, Dieu, le destin, l'agriculture ou l'immortalité. Son accoutrement qui comprend essentiellement le pompom blanc attaché au bonnet brun, symbolise un être qui est devenu sage, pur, spirituel, capable de participer à la recréation du monde par la génération de l'essence de la vie qui est présente dans le sémen.

Le héros reçoit de sa petite mère un cahier et un stylo, les insignes de l'intellectuel, comme cadeau de circoncision. Nous attendons avec le héros l'évolution de son destin dans la durée. Pour le moment, il reconnaît qu'il y a toujours des étapes à franchir. Il est devenu homme, certes, mais il est toujours, au fond, enfant: *"Oui, la case faisait face à la case de ma mère, je restais à portée de la voix de ma mère, mais les vêtements sur le lit, étaient des vêtements d'homme!"* (EN; p. 153).

La circoncision a éveillé chez le héros la soif de la spiritualité. Seul le temps, voire la durée, pourrait lui résoudre les problèmes psychologiques et spirituels. Il déclare volontiers: *"Le temps, [...] le temps m'apportera un nouvel équilibre. Mais quelle sorte d'équilibre? Je me l'imaginais mal"* (EN; p. 152). Pour le moment, il continue de fréquenter l'école.

École traditionnelle

Le héros a fréquenté très tôt l'école. Il a commencé par aller à l'école traditionnelle dans la forge de son père et ensuite est allé à l'école coranique.

L'école traditionnelle comprend, à part la forge et l'école coranique, l'ambiance de la concession familiale qui renforce les leçons déjà apprises dans la nature et dans la communauté à travers les rites de puberté. Dans la forge, bien que le merveilleux lui soit déjà familier, il est ravi du petit serpent noir, génie de sa race, qui converse mystérieusement avec son père par le frémissement du corps et la caresse. Il est ravi aussi des gris-gris et des talismans que son père emploie pour se préparer pour le travail de l'or. La forge, cette cabane initiatique est comme un contenant, l'*Axis Mundi,* soit la *"maîtresse-pièce de la concession,"* où se poursuit un *"va-et-vient perpétuel"* des clients, des voisins et des apprentis. Il n'est pas étonnant que le héros soit frappé d'une manière permanente par les aspects mystérieux de l' alchimie de la forge.

Le héros se rend compte du pouvoir du Verbe dans cette forge. Le griot y participe mystérieusement avec les chants et la parole, la parole qui répète le premier commandement du Dieu démiurgique: *"Que la lumière soit! Et la lumière fut."* La parole est le compliment direct de l'action qu'elle exprime. Elle se montre ainsi la métaphore de l'action.

Le héros entrevoit aussi l'étroite ligne qui existe entre la réalité concrète et la réalité ésotérique. Le forgeron, par exemple, réalise la fusion de l'or en conjurant de mauvais esprits qui voudraient nuir à l'opération. Il adjure aussi les quatre éléments alchimiques, l'eau, l'air, le feu et la terre, mais aussi les génies bénévoles à ce travail qu'on caractérise parfois de *"fête,"* de *"spectacle,"* et parfois d'*"opération"*. Les incantations coulent pour maintenir le *"mariage"* de l'or avec le forgeron.

Le héros apprend donc le respect pour l'or, ce divin métal qui requiert le silence et l'*"attention comme religieuse"* pendant qu'on le travaille. Le silence est une sorte de sagesse qui s'oppose à la parole. Parfois la parole est capable de nuire à la maîtrise de soi. L'exigence du silence à cette occasion n'est point une punition. C'est surtout une manière de protéger cette communauté spirituelle qui, agglomérée dans un espace limité, doit se tourner vers elle-même pour atteindre l'intimité avec l'Invisible. Le héros reconnaît qu'il y a des *"prolongements,"* c'est-à-dire des côtés ésotériques de ce qu'il voit concrètement, qui demandent d'autres explications. L'or, évidemment, traduit, de son côté mystique et initiatique, la quête de l'immortalité par l'homme que le héros voudrait plus tard explorer. La poudre d'or de la commère se transmute petit à petit en beau bijou, fragile, qui est en forme de spirale. Bourgeacq a signalé que la spirale est le *"symbole irréfutable du génie primordial et de la création du monde."*[13] Faro, ce dieu créateur du monde d'origine, est la voix des voix qui se trouve au fond de l'âme de l'être. L'homme peut et doit tout faire pour faire sortir cette voix afin de s'en ennoblir. A la réincarnation, sa perpétuité serait assurée jusqu'à l'éternité.

Le travail de l'or termine avec la danse de la "douga", cette danse de triomphe et d'exaltation de l'homme qui a gagné la lutte contre les vicissitudes du temps. Le forgeron brandit ses trophées en forme de marteau, symbole de la technique et de la technologie du dieu primordial, et en forme de corne de mouton, signifiant la subjugation du monde animal et instinctif par l'intelligence supérieure de l'homme. Toute la communauté se joint à cette célébration spirituelle en témoignage de l'espoir dans le progrès de l'humanité.

Ecole séculaire

D'autre part, le héros a fréquenté l'école moderne française. Elle lui a donné des idées tout à fait différentes de celles de l'enseignement de l'école traditionnelle.

À l'encontre des écoles traditionnelle et religieuse qui confirment les leçons apprises dans la Nature et la société, l'école moderne séculaire est une parodie impie de la spiritualité. C'est le monde où *"la raison du plus fort est la meilleure."* Les grands élèves soutirent l'argent et la nourriture aux plus petits. Le directeur de l'école utilise les élèves sous sa tutelle en *"boys"* pour ses femmes. La souffrance, la peine, la douleur, la punition et les larmes y sont l'ordre du jour. La révolte au double niveau individuel de la part des élèves, et communautaire, de la part des parents, contraint le directeur à démissionner et le système corrompu à s'écrouler.

A l'école technique de Conakry où il va après son certificat d'études, le héros apprend davantage que la solitude, l'inanition, la peur et la flagellation sont d'autres aspects existentiels qu'on doit affronter dans le monde moderne. Il y a aussi l'exil de la mère et de la case natale, et le sentiment de nostalgie qui en découle: *"J'étais à Conakry et je n'étais pas tout à fait à Conakry: j'étais toujours à Kouroussa; et je n'étais plus à Kouroussa! J'étais ici et j'étais là; j'étais déchiré. Et je me sentais très seul en dépit de l'accueil affectueux que j'avais reçu"* (EN; pp. 169-170).

Dès lors, le sort du héros va vite s'accélérer. Il s'éprend d'une belle jeune fille, Marie. Il croit en Dieu Suprême, parce que *"rien ne s'obtient sans l'aide de Dieu, et que si la volonté de Dieu est depuis toujours déterminée, elle ne l'est point en dehors de nous-mêmes"* (EN; p. 194). Au fil des années, sa case devient de plus en plus européenisée suivant le rythme de son progrès dans l'école française. Puis, son ami d'enfance, Check, meurt. C'est comme une grande partie de son enfance qui disparaît. Finalement, l'acquisition du Certificat d'aptitude professionnelle de l'école technique termine, pour ainsi dire, ses ambitions pédagogiques et initiatiques au sein de la Guinée. Que faire ensuite? Une porte vient de se fermer ...

Départ

Quant à sa mère, elle sait que le moment est venu pour le départ de son fils:

> ... elle avait dû voir cet engrenage qui, de l'école de Kouroussa, conduisait à Conakry et aboutissait à la France; et durant tout le temps qu'elle avait parlé et qu'elle avait lutté, elle avait dû regarder tourner l'engrenage: cette roue-ci et cette roue-là d'abord, et puis cette troisième, et puis d'autres roues encore, beaucoup d'autres roues peut-être que personne ne voyait. Et qu'eût-on fait pour empêcher cet engrenage de tourner? On ne pouvait que le regarder tourner, regarder le destin tourner: mon destin était que je parte! (EN; p. 218).

Le catalyste qui déclenche le départ à l'aventure est la bourse du gouvernement de France pour un séjour en métropole, au collège technique d'Argenteuil, dans la banlieue de Paris.

Son père forgeron, sage dans les matières spirituelles, accueille la bonne nouvelle avec calme et compréhension:

> Vois-tu, reprit-il, c'est une chose à laquelle j'ai souvent pensé. J'y ai pensé dans le calme de la nuit et dans le bruit de l'enclume. Je savais bien qu'un jour tu nous quitterais: le jour où tu as pour la première fois mis le pied à l'école, je le savais. Je t'ai vu étudier avec tant de plaisir, tant de passion ... Oui, depuis ce jour-là, je sais; et petit à petit, je me suis résigné. (EN; p. 213)

Un peu plus loin, il ajoute d'un ton philosophique:

> ... chacun suit son destin, mon petit; les hommes n'y peuvent rien changer. [...] Mais maintenant

que cette chance est devant toi, je veux que tu la
saisisses; tu as su saisir la précédente, saisis
celle-ci aussi, saisis-la bien! Il reste dans notre
pays tant de choses à faire ... Oui, je veux que tu
ailles en France; je le veux aujourd'hui autant
que toi-même: on aura besoin ici sous peu
d'hommes comme toi ... Puisses-tu ne pas nous
quitter pour trop longtemps! (EN; pp. 213-214)

Dans le rite d'initiation, une fois que le néophyte est prêt à partir à
l'aventure, à franchir le seuil, ni rien ni personne ne peut l'empêcher de
voyager. C'est parce que les pouvoirs, les guides surnaturels s'accordent
au héros qui prend son propre chemin du destin.[14] C'est évident, dès
lors, qu'il va retourner indemne du ventre de la baleine. Notre héros le
ressent lorsqu'il déclare à Marie qui veut savoir s'il va rentrer: *"Sûrement,
je reviendrai"* (EN; p. 221). On dirait un Napoléon Bonaparte le jour de sa
campagne militaire contre les Russes. À croire Joseph Campbell, il se sent
poussé vers un destin inconnu. Mais il a espoir dans la bienveillance de
la Divinité.[15]

NOTES DU DEUXIÈME CHAPITRE

[1]Jacques Bourgeacq, *L'Enfant noir de Camara Laye,* p. 45.

[2]Idem. p. 45.

[3]Mircea Eliade, *Mythes, rêves et mystères,* Paris, Gallimard, 1957, pp. 78-
79.

[4]Voir Geneviève Calame-Griaule, *Ethnologie et langage,* p. 85.

[5]Germaine Dieterlen, "The Mande Creation Myth," *Africa,* No. 27,
April 1957, pp. 126-127.

[6]Mircea Eliade, *Forgerons et Alchimistes,* p. 104.

[7]Viviana Pâques, *L'arbre cosmique dans la pensée populaire et dans la vie
quotidienne du Nord-Ouest africain,* Paris, Institut d'Ethnologie, 1964, p.
160. IN Jacques Bourgeacq, op. cit., p. 42.

Voir aussi Mircea Eliade, *Traité d'histoire des religions,* Paris, Payot,
1959, pp. 285-314.

[8]Jean-Jacques Marquet, "Sens et consommation des Temps," IN Enrico Castelli (ed.) *Temporalité et Aliénation*, Paris, Aubier, 1975, p. 115.

[9]La Sainte Bible, Marc 10:15.

[10]Mircea Eliade, *Initiation, rites, sociétés secrètes*, p. 47.

[11]La Sainte Bible, Mathieu 26:40-45. Voir aussi Marc 14:37-41, Luc 22:45-46.

[12]Mircea Eliade, *Traité d'histoire des religions*, p. 305.

[13]Jacques Bourgeacq, op. cit., p. 18..

[14]Joseph Campbell, *The Hero With A Thousand Faces*, pp. 69-77.

[15]Ibidem, p. 72.

TROISIÈME CHAPITRE

⊠ MORT SYMBOLIQUE ⊠

> ... 'Connaissance' par le poème, le chant, le
> drame, la danse masquée au rythme primordial
> du tam-tam. C'est alors que le grain meurt pour
> germer, que l'enfant meurt à soi pour renaître,
> adulte, dans l'initiateur et l'Ancêtre. Il s'agit
> d'un existentialisme religieux, animiste.
>
> Léopold Sédar Senghor,
> "L'esprit de la civilisation ou les lois
> de la culture négro-africaine,"
> Présence Africaine, 1957, p. 55.)

La mort symbolique suit aussitôt l'étape du chaos pour préparer le néophyte à la renaissance, c'est-à-dire à un mode d'être supérieur. La tâche du héros est d'annihiler le *"moi"* intime, ce *"moi"* que Joseph Campbell compare aux plusieurs têtes de l'Hydre.[1] A travers *"quatre stations de la croix,"* le héros va grossir psychologiquement et spirituellement afin de découvrir la gnose, son destin et sa vocation.

Descente aux enfers

Son premier arrêt est en France. Le héros a une vingtaine d'années. Son avion atterrit *"par une soirée blafarde, où les rayons du soleil perçaient difficilement un épais brouillard"* (DS; p. 58). Dès le début, on entrevoit quel séjour difficile il aura en France. Le temps est horriblement froid, la sorte de froid qui pique les yeux, gèle les oreilles, raidit et sèche les lèvres comme des feuilles mortes, et empêche de bouger. Étant originaire de l'Afrique tropicale, le héros se sent terriblement seul. À l'aide de Stanislas, un homme solitaire qu'il rencontre dans le métro, et plus tard à celle de Pierre et d'un agent de police aimable, il atteint finalement sa destination à Argenteuil. Grâce à sa bourse de scolarité, il passe une bonne année à l'abri des difficultés financières. Mais à la fin de l'année scolaire, il doit descendre à Paris pour survivre par ses propres moyens. Ce mouvement vers Paris est comme la descente aux enfers, parce qu'il ouvre la porte à toutes sortes de difficultés dont la nature ressemble fort aux épreuves initiatiques.

D'abord, le lieu sacré de l'initiation est la ville même de Paris. C'est une ville où règnent le matérialisme et l'individualisme. A plusieurs reprises, le héros la caractérise d':

> ... une société ultramoderne, où tout repose sur la capitale (DS; p. 74).
>
> ... une ville qui ne dort jamais tout à fait (DS; p. 83).
>
> ... un pays où avant tout l'on exerçait la charité envers soi-même. Un pays où qui n'avait pas d'argent pâtissait dur (DS; p. 102).

À Paris donc, le héros souffre du manque d'argent pour les frais de scolarité, le loyer, la subsistance quotidienne et le trousseau scolaire. Il conclut que Paris est, *"une drogue [...]. Lorsque l'argent vous y tombe dans les mains vous oubliez tout, pour vous offrir un des leurres qu'offre la civilisation occidentale"* (DS; pp. 91-92). Il comprend parfaitement pourquoi il y a à Paris des femmes et des hommes, comme Stanislas, qui sont solitaires dans les rues, *"en parlant ou en gesticulant, accablés par l'éternelle question matérielle, hantés par cet argent qui ne suffit pas, qui ne suffira jamais ..."* (DS; pp. 76-77).

La descente du héros à ces *"enfers"* est marquée dès le début de la confusion. Il confesse qu'à: *"l'entrée dans ce monde de l'esprit et de l'argent tout m'était apparu non seulement différent mais contraire"* (DS; pp. 102-103). Il est scandalisé par l'entreprise d'un vieillard homosexuel qui le traite de fille dans le bar de La Pergola. Il s'écrie: *"il n'y a pas de cela dans mon pays. Là-bas, un homme est fait pour vivre avec une femme, un homme est fait pour se marier et pour avoir des enfants"* (DS; p. 82). Et d'une indignation complète il retorque: *"Je ne remettrai plus jamais les pieds dans ce bar, jamais! Tu m'entends ... Jamais! Adieu!"* (DS; p. 82). L'image est réminiscente de la scène biblique où Jésus Christ conseille à ses disciples de sécouer les poussières de leurs pieds à la sortie de n'importe quelle maison ou ville où les gens refusent de les accueillir.[2] Selon la vision du monde de ce héros, la vie est cyclique. Le mariage est un androgyne qui unit un homme et une femme, deux êtres de sexes opposés, pour leur conférer l'équilibre parfaite et totale. Les enfants qui sont les issus de cette union, assurent l'avenir et la répétition de l'acte cosmogonique du mariage qui avait été entamé par l'hiérogamie du Ciel et de la Terre. On comprend ainsi la désapprobation du héros de l'homosexualité.

Pendant une longue année, le héros ne survivait, malheureusement, pas de lui-même. Suivant sa propre expression, *"ma vie n'était que pauvreté et dénuement complet"* (DS; p. 86). Il marche partout parce qu'il ne peut ni se payer les frais de taxi ni ceux d'autobus. A l'approche de son loyer, il a peur de rencontrer le gérant intraitable de l'hôtel à qui il doit déjà le loyer de plusieurs mois. Ce dernier finit par s'approprier ses effets et ses valises à titre compensatoire. Un jour, près de l'école de médecine, il perd à demi conscience à cause de trois jours de faim et il s'écroule sur le trottoir. Lorsqu'il se ressaisit, il décide de trouver un travail pour ne pas mourir comme une bête dans les rues parisiennes.

Même le travail qu'il trouve, celui de transporteur aux Halles, pour décharger des camions trois heures par jour, n'est pas le genre de travail qu'on choisit d'exercer dans le froid, sur le sol mouillé avec partout les ordures boueuses. Il risque quotidiennement de tomber par terre, de se fracturer quelque membre du corps, le bras ou la jambe, peut-être. C'est un travail humiliant, *"extrêmement pénible et abrutissant"* (DS; p. 90). Il tombe si bas que ses camarades sont les gens avec le *"langage peu choisi,"* qui s'enivrent de l'alcool. Dès le matin, ils gaspillent l'argent qu'ils gagnent la nuit en travaillant, lorsqu'ils ne les dépensent pas à jouer aux cartes. En conséquence de ces épreuves préliminaires, le héros est transformé. Il se satisfait de peu de chose. Il devient simple. Les Halles lui ont servi de cabane initiatique.

A la suite des Halles, les usines de Simca, à Nanterre, qui fabriquent des voitures, prennent le relai. En technicien, il travaille chaque jour dès six heures du matin, à marteller et à grincer dans cette *"forêt métallique, [...] une véritable forêt vierge: la forêt aux rumeurs mystérieuses, aux grands pans de verdure et aux innombrables lianes"* (DS; p. 98). Rentré chez lui le soir, il suit des cours et lit généralement pour s'enrichir intellectuellement. Parfois, il a la compagnie d'une sexagénaire, Aline, et de sa petite-fille, Françoise, quand il ne travaille pas aux studios de la Radio-Diffusion sur la rue Varenne, pour la promotion de l'union entre l'Afrique et la France. Il gagne assez d'argent pour voyager, s'acheter de beaux habits, tenir compagnie aux gens des hauts échelons de la société et bien manger.

Cette période d'euphorie finit avec l'hospitalisation du héros pendant deux semaines pour une maladie grave. La Doctoresse diagnose la pneumonie et doit opérer immédiatement. Enfin guéri, cette période de souffrance est suivie de plusieurs longs mois de rétablissement à l'Hôtel Dieu. Cet hôpital est donc comme un contenant où le héros se rend compte au cours d'une conversation avec Aline que les êtres humains *"se groupent uniquement selon leurs affinités intellectuelles"* (DS; p. 101). Tous les hommes, observe-t-il, ont ce désir inné d'être libres, *"de s'exprimer librement, de critiquer ou de louer Pierre ou Paul"* (DS; 102). Il apprend que le présent s'appuie sur le passé et que l'avenir s'appuiera sur le présent. Abolir le passé équivaut à sacrifier son être, à se renier. Aussi, dans ces enfers où il se trouve, continue-t-il de garder l'emblème de son passé, son boubou brodé et son bonnet de velours africains.

Après six longues années en France, le héros se prépare pour *un retour au pays natal*. Mais, d'abord, il fait deux escales à deux autres pays africains *imaginaires*, Adramé et Aziana, avant de regagner la Guinée. De cet angle de vision, nous nous accordons avec Eric Sellin qui voit tout le récit du roman, *Le regard du roi*, comme un long rêve transformateur et compensateur.[3] Dans le processus d'individuation, nous dit Carl Gustav Jung, les symboles du rêve cherchent à restaurer l'équilibre psychologique de l'individu en produisant des matériaux qui établissent à nouveau, et d'une manière subtile, l'équilibre total du psyché, quand elles ne mènent pas à la prophétie.[4] Avant de voyager en Afrique, le héros veut s'informer de la situation dans son pays: *"La vie allait-elle se dérouler là-bas conformément à mes prévisions [...] car la réalité est toujours complexe?"* (DS; p. 108). Mais il lui faut d'autres épreuves de natures différentes avant son retour. Le héros s'attachait toujours, il nous semble, aux articles matériaux d'origine européenne. Il fallait s'en dépouiller.

Mort symbolique par le dénuement

Les candidats à l'initiation prennent souvent de nouveaux noms pour désigner le stade où l'on en est dans l'itinéraire spirituel. Notre héros prend le nouveau prénom de *"Clarence."* De la racine grammaticale *"éclairer,"* cela veut dire celui qui cherche la lumière ou la clarté.[5] Son psyché soulève, par des instincts et des impulsions, des archétypes, forces dynamiques qui veillent sur lui pour le guérir et lui enseigner des leçons profitables sur la vie.

À Adramé, l'objet de sa quête est le *"roi,"* ou du moins *"le regard du roi,"* qui ressemble parfois à l'ombre du *"moi"* intime cherchant à s'unifier avec le *"id"*. Parfois, il ressemble à l'image de la Divinité, l'objet de contemplation dont le héros a énormément besoin pour se purger de ses péchés. Pour se transcender, il semble qu'il a besoin de tentations gnostiques, voire d'autant d'expériences humaines possibles pour se libérer de la prison du corps. Pour Victor White, c'est absolument impossible d'imaginer la rédemption, le salut et la grâce divine sans le péché.[6]

Adramé est une ville imaginaire sur la côte de l'Afrique de l'Ouest, nous l'avons déjà dit. C'est un pays du Nord où la chaleur est à peine supportable, où les herbes ne sont pas toujours vertes. Notons bien que la polarité du Nord par rapport au Sud dans la mythologie de l'Afrique de l'Ouest est métaphorique et rapproche similairement le Haut et le Bas, le Ciel et la Terre. L'axe Nord-Sud a affaire à l'activité saisonale et cyclique de l'existence. Au contraire, l'axe Est-Ouest connote le niveau de la condition humaine et de l'existence journalière.[7] Le soleil se lève à l'Est et, par conséquent, l'Est est symbole de la vie, du bien-être, de la santé et de la prospérité. L'Ouest, au contraire, attrape la mauvaise chance, la maladie, les maux de toutes sortes et la mort. Ces faits expliquent pourquoi le roi, à son avènement, irait d'abord au Nord, puis au Sud, en passant complètement de côté les pays de l'Est et de l'Ouest, comme disait Le Mendiant. Les uns ne méritent pas sa visite, les autres se suffisent à eux-mêmes et n'ont pas besoin du roi.

Le débarquement à Adramé est extrêmement difficile. La barre qui défend les côtes empêche le bateau du héros d'accoster: *"Le flot vingt fois avait porté la barque vers le rivage et vingt fois l'avait rejetée vers la haute mer"* (RR; p. 28). Lorsqu'il débarque finalement il s'écrit: *"Je n'avais pas mis pied sur ce rivage que tout déjà m'était obstacle"* (RR; p. 28). La foule compacte qui attend le roi ne fait rien pour lui faciliter la *"marche en avant,"* c'est-à-dire le progrès spirituel. Elle lui donne des coups de coude et le repousse en arrière. Il se sent isolé et aliéné dans ce pays étranger et hostile.

Même lorsqu'il parvient au premier rang de l'esplanade, après avoir souffert beaucoup d'humiliation, il subit, par surcroît, un choc culturel à son sens de logique et de raison. De véritables géants se trouvent aux premiers rangs et laissent les petits se vautrer dans la poussière aux derniers rangs. Pourtant, le héros se joint à la foule pour attendre un emploi du roi. C'est sa seule chance de résoudre ses problèmes financiers.

Comment expliquer son endettement aux gens à cause de la perte de tout son argent au jeu des cartes? Il n'aime pas jouer aux cartes et il n'a pas l'habitude d'avoir beaucoup d'argent sur lui, pense-t-il. Comment expliquer donc cette dépense bête de son argent? *"Mais qu'est-ce qui,* intervient le narrateur, *avait bien pu le pousser à jouer?"* (RR; p. 15). Et le héros, lui-même, de poser la question de comprendre son comportement: *"Pourquoi ai-je voulu à tout prix franchir cette barre?"* […]. *"Ne pouvais-je demeurer où j'étais?"* (RR; p. 37). Le héros doit supprimer son esprit rationnel dans les matières spirituelles pour pouvoir progresser. Il semble que la ville d'Adramé ne donne aucune chance à personne, il n'accorde aucun droit à personne non plus dans la recherche de la gnose.

Le héros sera humilié et chassé de l'hôtel. L'hôtelier prend ses effets en gage de la note impayée. Il n'a pu sauver qu'un rasoir, un savon à barbe sans blaireau, les derniers vestiges qui le différencient de l'animal. Il devient un sans-abri et pleure du fond de son coeur:

> J'étais dans la rue et j'étais devant la porte, et je
> ne bougeais pas; j'entendais les serviteurs noirs
> se gauser de moi, parce qu'on avait confisqué
> mes bagages, et sans doute aussi parce que
> c'était la première fois qu'ils voyaient jeter un
> homme blanc à la rue; et je ne parvenais pas à
> quitter cette porte: je ne savais où diriger mes
> pas (RR; p. 37).

Il se trouve ensuite dans un caravansérail, l'habitation *"la plus déshéritée de la terre"* (RR; p. 40), une *"honteuse gargotte"* (RR; p. 41), à un *"vestibule ridiculement étroit"* (RR; p. 42), et *"une cour dont le sol était semé d'immondices et d'où une nuée de mouches [...] irritées comme des guêpes et plus voraces que des sauterelles"* (RR; p. 42) veulent dévorer quiconque qui s'approche d'elles. Les salles sont malpropres et très mal tenues. Les déchets de toutes sortes sont partout. Même pour cette auberge, le héros a dû céder sa veste à l'aubergiste parce qu'il n'avait pas d'argent. Aussi, se trouve-t-il progressivement dépouillé, dénudé par le manque d'argent et par la perte de ses effets.

Pour comble de malheur, son guide, Le Mendiant, est autant traître qu'il est ami. Chemain le compare au dieu déguisé de la mythologie grecque, le père initiatique qui aide le peuple à se métamorphoser. Pour cerner, apparemment, la métaphore plus près de l'Afrique, Chemain le compare aussi aux quémandeurs du sufisme islamique:

> Il incarne aussi à merveille un type de mendiant
> caractéristique de l'Afrique islamisée: enragés
> quémandeurs, arrogants derrière leur fausse
> humilité, exigeant la charité comme un tribut,
> sûrs d'eux et de la place que le Coran leur
> assigne dans la société par l'obligation
> canonique de l'aumône quotidienne.[8]

Ce personnage informe le héros de la nature énigmatique du roi. Il est fragile et jeune mais en même temps robuste et très vieux. Il ajoute: *"S'il était moins chargé d'or, rien sans doute ne pourrait le retenir parmi nous"* (RR; p. 23). L'or est en même temps l'argent et *"l'amour atteint à sa pureté"* (RR; p. 23). Le plus foncé le teint du corps du peuple, le plus capable il est de retenir l'amour pour le roi. Grâce à la moralité, le corps l'empêche de dégénérer à la luxure. Le Mendiant finit par s'offrir pour intercéder en faveur du héros auprès du roi. Le héros sera déçu, plus tard, d'apprendre que le roi n'a pas d'emploi pour lui, pas même le travail apparemment simple d'un timbalier. Comme l'explique Le Mendiant, les timbaliers appartiennent à une caste sacrée, parce qu'ils répètent la première parole du Dieu démiurgique. L'initiation dans l'art de ce genre de travail est donc indispensable au succès de l'artiste.

Devant le palais du roi, Clarence voit des fresques, soit des emblèmes de la nature complexe de la réalité. De loin, elles tracent des scènes héroïques et guerrières. Mais, lorsqu'on s'approche d'elles, on reconnaît des scènes religieuses: *"une suite de sacrifices, un long déroulement de captifs, conduit vers des autels où des prêtres, des rois peut-être, les égorgeaient"* (RR; p. 31). Le héros doit douter s'il y a vraiment une différence entre la guerre et la religion dans la spiritualité africaine.

Ses deux compagnons, Noaga et Nagoa, ajoutent à la confusion par leur raisonnement sur la signification profonde de ces fresques. Quant à Nagoa, le roi est le sacrificateur et il punit ses vassaux infidèles. Les fresques sont donc là pour exiger la loyauté des vassaux rebelles. À l'opposé de cette opinion, Noaga soutient que seuls les fidèles méritent d'être immolés par le sabre sacré du roi: *"Ce serait profaner les pierres sacrificatoires que d'y répandre un sang coupable"* (RR; p. 32). Extrêmement dépouillé de son sens de logique et de raison, le héros se pose cette question pertinente: *"Mais depuis quand le sacrifice est-il devenu une récompense? Ce qui est injuste peut-il être juste ... "* (RR; p. 32). De telles confusions bourrent le cerveau du héros jusqu'à ce qu'il voie des hallucinations. Les fresques s'animent. Le roi égorge les vassaux et trempe ses mains dans leur sang, peut-être, pour les laver de leurs péchés. Les vautours, agents de mort, attirés par l'odeur du sang, tournoient dans le ciel. Quand le héros se rétablit de cette expérience, ses deux compagnons le tiraillent comme un enfant. L'image en appelle à la controverse du discours ambigu de Jésus Christ selon lequel il n'est pas venu pour sauver les fidèles, mais surtout pour aider les pécheurs à se repentir de leurs péchés.[9]   À une autre occasion, il déclare qu'il n'était

pas venu pour soigner les gens sains mais les malades parmi le peuple.[10]
Et, ce n'est pas encore la fin des tribulations de ce héros en voie du salut.

Course Labyrinthique

Le héros tombe au fond du désespoir lorsqu'on l'accuse d'avoir volé
la veste qu'il a cédée à l'aubergiste en gage de son loyer impayé. Il est
emmené à un procès qui est une parodie du Dernier Jour de Jugement
dont parle souvent la Bible. Chemain y voit surtout la parodie du destin
des indigènes analphabètes africains devant l'appareil de cours d'assises
européennes pendant la période de la colonisation.[11] Nous observons
que les comparaisons ne sont toujours pas contradictoires. Il s'agit d'un
procès où règne l'injustice à la place de la justice. Le héros se sent humilié
et se courbe le corps pour qu'on ne le reconnaisse pas.

Sa nouvelle cabane initiatique est le Palais de Justice à Adramé, une
salle vaste, à plusieurs portes closes. Il n'y a qu'une seule qui reste
ouverte. La salle est au couloir silencieux, étroit et tortueux, aux
inscriptions illisibles, longues et prétentieuses qui garnissent les portes.
On y a l'impression d'être aux enfers. Le juge se maintient accroupi sur
une table et égrène un chapelet. On dirait une parodie impie de Dieu au
Dernier Jour du Jugement! L'atmosphère étourdie l'accusé. Déclaré
coupable avant de passer devant le tribunal, et sur le point d'être
contraint de céder son pantalon, sa chemise et son caleçon à l'hôtelier, il
décide de fuir, grâce au conseil de son guide, Le Mendiant.

Cette fuite acharnée à travers des couloirs, par plusieurs portes des
pièces abandonnées, par des décombres, des débris, des déblais et des
détruitus, est un vrai labyrinthe. Le coureur débouche au point du
départ. La course, a-t-elle duré quelques secondes ou quelques heures, le
héros n'en sait rien. Finalement, au bout de plusieurs rues et carrefours,
le héros, assisté par une jeune danseuse, est sauvé. Cette jeune fille, se
présente comme la fille du juge du Palais de Justice. C'est cet homme qui
conduit Clarence vers *une porte plus petite que les autres et dépourvue de
toutes inscriptions,* qui ouvre sur les champs. C'est la porte de la ville. La
lune, agent de la mort et de la vie, caresse la campagne. Et le juge, à
l'inverse de la coutume salue très bas l'accusé. La lune et la geste du juge

prophétisent déjà la renaissance du héros après sa mort symbolique.
L'image de la porte étroite, de sa part, nous rappelle encore ce discours
de Jésus Christ:

> Je suis la porte. Si quelqu'un entre par moi, il
> sera sauvé; il entrera, et il sortira, et il trouvera
> des pâturages.[12]

A un autre moment, Jésus dit à Thomas:

> Je suis le chemin, la vérité et la vie. Nul ne vient
> au Père que par moi.[13]

Le juge dit à Clarence que par cette porte-là pour aller au Sud, *"vous ne
risquez aucune mauvaise rencontre"* (RR; p. 83).

Le mélodrame termine avec la redécouverte des deux pièces de la
veste volée sous les tuniques de Noaga et de Nagoa. La mère de la
danseuse, la femme du juge, les recoud. Clarence, avec Le Mendiant
comme guide, et accompagné par Noaga et Nagoa, part vers le Sud. Le
Sud est le symbole de sa renaissance fondamentale. Mais avant de
l'atteindre, il faut qu'il passe par le chaos en forme du vide d'une
immense forêt qui ressemble fort à une prison.

Pérégrination sans fin dans la forêt

Entre le Nord et le Sud se trouve cette grande forêt insolite et
silencieuse, une véritable *"muraille verte,"* qui manque d'accès et qui
s'enveloppe d'ombre. C'est la nouvelle cabane initiatique du héros. Notre
héros a besoin de traverser cet espace qui symbolise le macrocosme pour
se perfectionner spirituellement. La maîtrise du soi et la gnose
demandent que le néophyte domine le chaos primordial de confusion en
forme de la forêt.

La traversée Nord-Sud s'accomplit dans la nuit, sous la lumière
calme et verdâtre de la lune, en conjonction avec un silence de mort. La
convergence de tous ces symboles imaginaires, forêt, muraille, ombre,
nuit, lumière, lune, silence, traduit l'idée de la mort symbolique suivi de
la renaissance: *"L'Enfer est la Nuit cosmique; donc la mort et les vitualités,"*
selon Mircea Eliade.[14] Le Mendiant trouve finalement un unique sentier
long et sinueux et le cortège s'y enfonce. La quête de la gnose est un

processus long et tortueux, car l'homme à la recherche de l'Invisible, la Divinité ou le dialogue avec l'au-dèla, doit chercher la vie intérieure par l'extérieur. L'homme se regarde comme dans un miroir, et ses efforts sont comme un défi lancé au destin. L'agent hallucinogénique dont il se sert est, d'abord, le vin de palme qui l'enivre. Ensuite, c'est l'odeur des fleurs de la forêt qui le rend somnambule et à demi inconscient. La nature simultanément attirante et repoussante de l'odeur reflète la nature labyrinthique du parcours initiatique. Cette odeur, selon le narrateur, est:

> ... une odeur bizarre et même suspecte, pas désagréable ou pas nécessairement désagréable, mais bizarre, mais suspecte; un peu comme l'odeur opaque d'une serre chaude et de fleurs décomposées; une odeur douceâtre, entêtante et inquiétante, mais plus enveloppante que rebutante, étrangement frôleuse, oui, et on s'effraie de l'avouer—attirante; une odeur en vérité où le corps et l'esprit, mais l'esprit surtout insensiblement se dissolvaient. On l'eût très exactement qualifiée d'émolliente. (RR; p. 86).

Pendant plusieurs jours ou plusieurs semaines, car la durée n'est pas certaine, le cortège suit le même sentier labyrinthique, *"à la lueur incertaine du tunnel,"* jusqu'à ce que le héros éprouve le vertige. Le vertige signifie que le héros n'est pas encore prêt pour le salut. Nous entrevoyons l'image du cercle dans cette pérégrination sans fin dans la forêt, semblable à la roue de l'engrenage. Le héros s'y attache en attendant sa perfection: *"Rendu somnolent par l'odeur, il ferme les yeux, et laisse tomber la tête sur la poitrine"* (RR; p. 89). Ne pouvant plus marcher par lui-même, *"il tend docilement la main"* à ses deux compagnons, Noaga et Nagoa. On entrevoit ici *"un regressus-ad-uterum dans le cycle infernal"* (RR; p. 93), un état d'esprit très commun dans les épreuves labyrinthiques. Frappé par la cécité spirituelle, le néophyte avance vers le salut dans l'état innocent comparable à celui d'un enfant. Selon le narrateur:

> Il avance en aveugle, et c'est d'abord à un aveugle qu'il fait penser, la main tantôt dans celle de Noaga, tantôt dans celle de Nagoa. Mais, pour peu qu'on observe ses traits, c'est à un

> enfant qu'on pense; à un enfant que ses parents
> traînent par des rues de banlieue, un dimanche
> soir, au retour d'une promenade. C'est l'heure
> depuis belle lurette, l'enfant devrait être couché
> et l'enfant est plus qu'à demi endormi; il est
> lourd et il se laisse traîner, il est quasi
> inconscient, et il est un peu boudeur, mais tout
> juste un peu boudeur, parce qu'il a plus grande
> envie encore de dormir que de bouder.
> (RR; p. 91).

Cette demie-conscience dans l'épreuve trahit le tréfonds de l'âme du
néophyte qui refuse de mourir. C'est une manière de montrer que la
renaissance suivra la mort symbolique. Le narrateur commente de cette
manière ce mystère:

> Chaque fois que Clarence est sur le point de le
> voir s'éclaircir, le sommeil replonge tout dans la
> nuit. Pourtant Clarence n'est jamais si près de
> comprendre qu'au moment où il s'endort. Il y a
> là un moment très court, l'espace d'une seconde
> peut-être, et peut-être infiniment moins, où il
> semble que tout va enfin clairement se dévoiler.
> Mais alors le sommeil apparaît, et Clarence
> s'endort avant d'avoir compris; et, quand il
> se réveille, à la première clairière, il n'a plus que
> le souvenir très vague d'une chose qui se
> dévoilait, qui peut-être s'est réellement dévoilée
> dans le sommeil, mais qui, à présent, de
> nouveau résiste et refuse de se laisser découvrir.
> (RR; pp. 101-102).

Finalement, le cortège, imitant la démarche lente, grave et royale du
roi, débouche de la forêt. Il entre dans le village pendant que les
tambours parlants annoncent son arrivée. Le village est le contraire du
chaos forestier. Il représente au plus haut degré l'ordre et la propreté:
*"Tout le village, au demeurant, est d'une rigoureuse netteté; les clotures sont
sans lézardes, les fossés désherbés et le sol, entre les cases, tout récemment
balayé. Tant d'ordre est fait pour reposer l'oeil et l'esprit, au sortir de la forêt
sauvage. Clarence s'en est trouvé comme regaillardi"* (RR; p. 107). Quant aux
cases, symboles de petites unités du Cosmos, elles sont en chaume. Le
chaume, lui-même, symbolise la cuisine. Donc, quelqu'un qui y entre est
comme le repas de Dieu. Vu de l'angle de l'itinéraire spirituel du

néophyte, c'est le comble du mysticisme. En effet, le héros va plus tard "*cuire*" dans une de ces cases que le Naba lui attribuera comme foyer conjugal. La description de ces cases par Clarence en termes culinaires n'est donc pas gratuite. Dans sa propre expression, ces cases avaient: "*Des parois lisses et sonores, délicatement, délicieusement vernissées et patinées, fleurant bon la brique chaude, et d'un rouge!... D'un rouge presque insoutenable.*" (RR; p. 107) La couleur rouge symbolise la flamme alchimique qui aidera la transmutation du néophyte.

Le comble de l'apprentissage du héros est qu'il est vendu par Le Mendiant au Naba, le roitelet d'Aziana, pour un âne et une femme. Le Mendiant part en conseillant à Clarence d'attendre le roi à Aziana avec son nouveau guide, Samba Baloum, l'eunuque du palais du Naba. En échange du logement, de la nourriture et de la boisson, Clarence est acheté, tel un esclave, pour faire l'amour avec les femmes du harem du Naba, afin de peupler la ville. Le Naba, étant vieux, n'avait plus de force pour remplir ses obligations conjugales. On traite le héros comme un animal, tantôt taté et palpé comme un chat, ou un coq, tantôt comme un poulet ou un étalon. On l'abrite dans un coin du palais cerné des murs de clotûre garnis des bambous taillés, évidemment pour empêcher sa fuite. Le héros se sent vraiment pris dans un piège, sans refuge ni bouclier. Il devient la risée de tout le village d'Aziana.

Mort symbolique de la sensualité

Dans la case qu'on lui attribue, ostensiblement comme habitat pour lui et sa femme en titre, Akissi, Clarence reçoit, à son insu au début, la visite nocturne d'une vingtaine de femmes du Naba qui se servent des fleurs aphrodisiaques de la forêt comme agent hallucinogénique. Le Maître des cérémonies compare cette case, en vue de l'activité sexuelle qui y a lieu chaque nuit, à un "*moulin ouvert à tout venant*" (RR; p. 238), dont la "*farine*" est une nuée d'enfants métisses, dits d'un langage dérogatoire des "*sang-mêlé.*"

Tout au long du jour, Clarence attend avec impatience la nuit. Il rêve du sexe le jour et assimile facilement l'entrée rythmique du pilon dans le mortier pendant que sa femme, Akissi, pile le blé, à l'acte sexuel: "*ce pilon et ce mortier, le mouvement de pilon ... J'ai les yeux salis,* se dit-il. *Et il rougit fortement"* (RR; p 143). Rien qu'à voir le visage d'Akissi dans le hublot de la case, un feu sombre et brûlant parcourt ses veines. Il se représente le corps d'Akissi, sa croupe et ses seins. Il pense à la façon dont leurs corps se tendent la nuit. Il confesse que parfois, *"il y a des nuits où je n'ai pas honte, des nuits où je suis comme fou, où je suis réellement fou"* (RR; p. 150).

A plusieurs reprises, pourtant, il a le sentiment que d'autres femmes entrent dans sa case la nuit. Mais il ne peut pas en être sûr. Cette conscience dans le mal, nous l'avons déjà dit, indique l'androgyne hermétique, un esprit indestructible qui prophétise en sa personne la renaissance éventuelle. Notre héros se montre par là un *"coïncidentia oppositorum,"* être total qui unit en soi le bien et le mal, la Matière et l'Esprit. Il est lui-même le principe purificateur ayant la responsabilité de se racheter. Le feu qu'il jette à travers la liqueur spermatique est le feu alchimique qui assistera à sa transmutation de l'état matériel à l'état spirituel.

Enfin, lorsqu'il comprend sa situation à Aziana, le héros prend en horreur, *"cet homme qui, à la nuit, se déchaînait pour l'odeur de quelques fleurs"* (RR; p. 143). Il tombe dans un état d'abjection profonde. Il cesse de se laver à la vue de tout le monde dans le fleuve du village. Nous avons là le signe d'un être qui n'est pas prêt pour le salut divin. Il refuse de parler à sa femme, à ses deux compagnons Noaga et Nagoa, et à Baloum, son guide. Il veut même chasser Akissi. Il se rend compte que son salut dépendra dorénavant de l'acceptation inconditionnée de soi-même, tel quel, parce qu'il manque totalement de mérite.

Procès dans les lieux clos

Se faufilant avec Noaga et Nagoa, le héros arrive par hasard à la Place de Justice. Il tombe sur le procès du Maître des cérémonies. Ce dernier a dévoilé à Clarence son rôle ignomineux auprès du Naba et de son harem. Au début, Le Maître se tient agénouillé devant le Naba et devant d'autres dignitaires. Mais, lorsqu'il perd le procès, il sera flagellé: *"Le déplaisant personnage était étendu,* nous dit le narrateur, *la face au sol; et ses mains et ses pieds étaient attachés à des piquets. Maintenant qu'on l'avait dépouillé de son boubou, il paraissait plus long et plus coupant que jamais"* (RR; p. 164). Cette scène de sado-masochisme est doublement révélatrice. D'abord, c'est une parodie de la bastonnade mythique de Prométhée. Au lieu de se tenir debout avec dignité devant le rocher, symbole du monde, comme sa contre-partie mythique, Le Maître des cérémonies se tient ignominieusement sur son estomac, le visage au sol et les pattes ligotées. L'image de Prométhée qui fait pitié s'inverse parce que les épreuves mutilantes et sacrificielles de la passion divine des rites d'initiation ne s'y voient pas. Au contraire, l'assistance donne l'impression d'être à une fête. Elle se moque de son derrière gonflé et crache là-dessus par mépris. Pour avoir trop parlé, Le Maître des cérémonies se montre un être sans valeur selon le jugement des citoyens de la communauté. La punition physique devait lui enseigner la maîtrise de sa langue et de ses émotions. Selon la culture africaine: *"… parler pour ne rien dire convenait à trois catégories de personnes: un enfant qui apprend à marcher, une femme en crise de jalousie, un fou! Mais parler pour ne rien dire ne convenait pas à un homme qui porte un pantalon!"* (MP; p. 29).

D'autre part, vu de l'angle de la question de Grâce et de Salut, la scène de la bastonnade du Maître des cérémonies est révélatrice du Dernier Jour de Jugement. Dieu sauvera les pécheurs qui se répentissent, pas les *"sépulchres blanchis."* C'est le drame de l'homme livré aux puissances du mal, qui tire le bonheur de la médisance de son voisin. Peut-être, l'image du Prométhée layéen, est-elle aussi celle de l'humanité rétributive, orgueilleuse et injuste. Clarence intercède auprès du Naba en faveur du Maître des cérémonies et la bastonnade s'arrête. Le Naba lui fait un cadeau d'un boubou vert à fleurs blanches, en témoignage de son immaturité spirituelle. La couleur verte symbolise sa jeunesse et la blancheur des fleurs symbolise l'espoir dans l'épanouissement éventuel du héros en être illuminé.

Il n'est pas exclu d'observer que la nature de ces lieux clos où a lieu, d'abord le procès, puis la bastonnade du Maître des cérémonies, évoque plusieurs nombres d'habitats clôturés, mystérieux, obscurs et pleins d'obstacles. Ils traduisent un élément funèbre et tragique. Après avoir traversé plusieurs terrasses et mils de grenier, qui ressemblent plutôt aux fosses aux ours, le héros découvre, en compagnie de Baloum, la cour où le Naba enferme les femmes de son harem et leurs enfants. On dirait une bande d'animaux. Puis, ils longent encore plusieurs cours et s'engagent finalement dans un couloir bas de paroi qui mène à la galerie. Encore une fois, nous voilà à une cabane initiatique qui représente, d'une manière allégorique, le Palais de Justice du Dernier Jour de Jugement. Suivant toutes ces expériences envoûtantes, le héros est troublé à telle enseigne qu'il a besoin de se retirer de la communauté d'Aziana.

Retraite dans la forge

La forge du forgeron, Diallo, est comme un oasis, un pont au milieu de la mer, dans l'itinéraire spirituel du héros. C'est Diallo qui lui conseille que toutes les expériences existentielles, indépendamment de leur nature, sont bonnes pour avancer l'être vers la gnose. Or le destin est l'image photographique de la connaissance gnostique. Point n'est besoin de fuir le monde ni de se retirer dans la brousse comme un hermite. Au contraire, il faut tenir sa place et lutter jusqu'au bout. Il reproche au héros son intervention pendant la bastonnade du Maître des cérémonies car, non seulement il a interrompu le spectacle dont la communauté jouissait, mais pire, il a dérobé au Maître des cérémonies la chance de se racheter par l'ultime sacrifice, voire la mutilation symbolique, sans laquelle le néophyte n'aurait pas l'espoir d'une renaissance. Dans l'expression alchimique du forgeron: *"On lui façonnait l'entendement, en traitant son derrière comme je traite le fer sur l'enclume"* (RR; p. 185). Et dans un ton plus solennel il ajoute:

> Toute vérité, voyez-vous, n'est pas bonne à dire
> [...]
> ....
> ....
> Ni bonne à dire ni bonne à entendre, [...]
> La vérité [...] est une chose qu'il faut manier
> avec plus de précautions encore qu'un fer rougi
> à blanc. On s'y brûle sans le vouloir, et on s'y
> brûle un peu plus que les doigts. (RR; p. 185).

Devenant plus philosophique dans son raisonnement et sa logique, Diallo observe que l'aube, à l'image de la flamme, renferme le bien et le

mal. Tout en étant la meilleure partie de la journée, à cause de la
fraîcheur du temps, elle est, tout de même, suspecte. Elle dévoile les
excès que certains gens aimeraient plutôt cacher. L'aube, par exemple,
fait découvrir qui a couché avec qui pendant la nuit.

Il s'ensuit que l'homme est comme le fer enrobé par la flamme de la
forge. Il va s'épurant et devient progressivement *"rouge," "jaune,"* puis
"blanc" et finalement *"une parcelle de soleil."* La bastonnade du Maître des
cérémonies se justifierait donc comme un rite de passage, non pas un acte
de cruauté ou de punition. C'est dans ce sens que Diallo conseille à
Clarence de valoriser ses orgies sexuelles avec les femmes du Naba. En se
purgeant de sa sensualité, il se débarrasse d'un grand obstacle sur le
chemin de la spiritualité. Il ne faut donc pas attendre journellement
l'*"heure"* de l'avènement du roi. Tout dépend de la *"maturité"* du
néophyte: *"Il [le roi] ne viendra pas absolument à l'improviste, mais ce sera*
tout comme: il nous surprendra comme s'il était venu inopinément" (RR; p.
187). L'homme a donc besoin de vivre chaque jour comme si c'était le
dernier. La nature de nos expériences existentielles n'a point
d'importance. C'est surtout l'ampleur, l'accumulation, qui mène
progressivement au salut. D'un ton rhétorique Diallo conclut:

> Mais qu'est-ce qu'une hache? J'en ai forgé des
> milliers et celle-ci assurément sera la plus belle;
> toutes les autres ne m'auront servi que
> d'expériences pour finalement réussir celle-ci; si
> bien que cette hache sera la somme de tout ce
> que j'ai appris, sera comme ma vie et l'effort de
> ma vie même. (RR; pp. 187-188).

Il semble que l'homme se doive de suivre son destin jusqu'au bout, le
"moi" intime lui servant de guide. Le seul critère valable pour juger la
moralité d'un homme c'est, peut-être, son *"intention,"* non pas la nature
fonctionnelle ou utilitaire de ses actes. Ce n'est pas la fabrication de la
hache qui apportera à Diallo le salut, mais surtout son intention de plaire
au roi. C'est tout ce qu'il peut contrôler dans son existence.

A propos, nous nous rappelons le conte qu'un sage Chinois, Chuang-
Tzu, a dressé sur l'indispensabilité de chaque être humain quant au
dessin de la Divinité.[15] Il était une fois, nous dit Chuang-Tzu, un

charpentier ambulant qui s'appelait Stone. Il vit un vieux chêne sur l'autel d'un lieu sacré dans la forêt. Observant son apprenti qui était resté bouche bée en admirant ce chêne, il lui expliqua que le chêne était un arbre inutile parce que son bois n'était ni dur ni bon pour fabriquer un bateau ou un outil. Il pourrissait facilement. Voilà pourquoi l'arbre était alors vieux. La même nuit, alors que le charpentier était couché au lit dans un caravansérail, il eut un rêve. Il revit le vieux chêne qui lui conseilla de ne pas le comparer avec les arbres domestiques bien entretenus, tels que le poirier, l'oranger, le pommier et d'autres arbres fruitiers. Les gens attaquaient et violaient ces arbres avant même que leurs fruits ne mûrissent. Leur propre don naturel les faisait souffrir. Voilà pourquoi ils ne complétaient pas la durée de leur vie selon leur destin. Il en est de même pour tous les êtres dans le monde. Le chêne conclut en disant qu'il s'était depuis décidé de n'être utile à personne. Il semblait donc inutile de juger autrui, puisque chacun suivait son destin.

Le lendemain, le charpentier méditait pendant toute la journée la signification profonde de son rêve. Lorsque son apprenti voulut savoir pourquoi le chêne en particulière protégeait l'autel, il répondit tout simplement en disant que l'arbre avait l'unique but de protéger l'autel. C'était sa fonction à lui seul. Il en est ainsi pour chaque être humain. On doit suivre son destin.

À la suite de l'*"évangile"* de Diallo la psychologie du héros se modifie. D'abord, il redevient enfant par la mémoire involontaire qui le retourne dans, *"ce village de montagne où, chaque année, les grandes vacances le ramenaient, et où avec d'autres enfants, il regardait briller la forge du maréchal-ferrant"* (RR; p. 189). Le narrateur layéen présente ainsi cette transformation psychologique:

> Des heures sans souci, les heures mêmes de l'enfance. Depuis ... Ah! ces heures, où étaient-elles à présent ... ? Etre un enfant! Etre encore un enfant! se dit-il. Et il rougit fortement, il fut subitement l'enfant qui rougirait devant l'homme qu'il est devenu; il devint aussi brûlant que le fer incandescent; car l'homme qu'il était devenu n'existait pas: ce prétendu homme était une bête, était un coq! (RR; pp. 188-189).

Vivifié par les expériences de la vie, le héros comprend ce qu'il ne saisissait pas lorsqu'il était enfant. Ferrer les chevaux, par exemple, n'est pas un acte de cruauté, mais un service rendu à ces animaux. On leur protège les pattes. Il comprend pourquoi son intervention pendant la bastonnade du Maître des cérémonies pourrait se voir comme un obstacle dans le chemin du salut de ce dernier. Il voit clairement qu'il vaut mieux regarder vers l'avenir avec optimisme, au lieu de passer tout son temps à regretter le passé. Finalement, il faut surtout faire comme les sourds car ceux-ci: *"sont à l'abri de la vérité (...) S'ils peuvent encore en proférer, du moins n'en peuvent-ils plus entendre ..."* (RR; p. 191).

Mais qui est-ce, ce Diallo, dans l'itinéraire du héros? A l'image du maréchal-ferrant, Diallo est comme le rédempteur ou le transformateur qui aide le héros à sortir de son ancienne vie d'abjection et à entrer dans la classe des hommes illuminés. Le travail initiatique de ce forgeron se compare au ferrage du maréchal-ferrant, qui a tous les aspects d'un rite de passage. A croire Mircea Eliade sur le sens mystique du travail du maréchal-ferrant dans certaines regions de l'Allemagne et de la Scandinavie: *"Le rituel du ferrage, de la mort et de la résurrection du 'cheval' (avec ou sans cavalier) à l'occasion des mariages, marque à la fois la sortie du fiancé du groupe des célibataires et son entrée dans la classe des hommes mariés."*[16] On peut donc dire que Diallo est comme le père initiatique qui aide le héros à se métamorphoser.

Eliade compare davantage le maréchal-ferrant à Jésus Christ, le héros-rédempteur du monde chrétien, qui guérit les malades et rajeunit les vieillards. On pourrait dire que grâce à Diallo, un Christ par extension, le héro découvre un renouvellement d'énergie pour affronter le reste des épreuves qui l'attendent comme les conditions *sine qua non* de sa renaissance. Même les sirènes, symboles de l'androgynat et de la luxure, n'arriveraient pas à le séduire.

Rencontre avec Maman d' l'eau

Tous les pêcheurs qui fréquentent les rives de nombreux fleuves de l'Afrique de l'Ouest connaissent le malheur de rencontrer les mammifères. C'est la collision avec le destin. C'est ou bien la mort ou bien la vie. Le mythe de *"mamie-wata"* est encore rendu plus célèbre par un musicien nigérian, Victor Uwaifo, dans *"Guitar Boy"*. Sur ce disque, le musicien se conseille d'être brave devant mamie-wata, symbole des difficultés socio-économiques qui l'affrontent à cause de son destin de musicien. Sa forme anthropomorphique—tête de poisson sur corps de femme, qui termine encore en queue de poisson—a donné jour à plusieurs croyances. Puisqu'on tient que c'est un présage mortel de les voir, sitôt que l'une d'elles est harponnée, le pêcheur lui coupe la tête en fermant les yeux, et la jette dans le fleuve. Le foie du mammifère est pourtant un morceau de choix. C'est ce que le Naba donnait à Clarence dès son arrivée à Aziana. Le poisson, il faut bien le saisir, est un symbole anthropologique de l'androgynat primordial parce qu'il donna naissance aux autres formes de vie au cours de l'évolution de la vie animale. C'est donc un symbole ascensionnel de transformation qu'on rencontre souvent dans les rites d'initiation.[17]

Clarence vient de prendre congé de Diallo et se dirige vers la brousse avec l'intention de se retirer du monde d'Aziana qui l'avait entraîné dans l'abjection. Dans la brousse, il s'assied sur un rocher. Le fleuve aux rives boueuses, jaunes, gluantes et lourdes symbolise la luxure, la gloutonnerie et la convoitise. Clarence compare ce fleuve à:" *une sorte de poix ou de bitume qui avait la pésanteur du plomb.."* (RR; p. 198). Il entraîne, parfois, dans le courant, des arbres entiers. Ces arbres qui défilent sous la lueur de la lune symbolisent le savoir spirituel toujours reflué. La lune est le symbole du devenir. L'odeur des fleurs de la forêt plonge le héros dans la torpeur. Sous la voûte de feuillages, il commence à halluciner. Il voit les formes des sirènes qui émergent. Elles lui tendent ignoblement leur poitrine. Clarence est totalement attiré et repoussé par leur comportement. Pourtant, il fait de son mieux pour ne pas être pris au piège. N'en pouvant plus, il se lève pour se diriger vers elles, pour s'assurer qu'il ne rêve pas, mais il tombe face au sol.

La chute symbolise d'ordinaire un obstacle dans la voie du pèlerin. Ici, pourtant, la chute entrave la marche du néophyte vers les objets de luxure. Le héros se croit porté par le courant du fleuve vers ces créatures ambigues qu'il appelle des *"femmes-poissons."* Mais au lieu de désirer ces femmes qui pointaient leurs seins, il les prend en dégout: "*L'angoisse le saisit à l'idée qu'un faux mouvement pourrait lui faire frôler, au passage, les poitrines blanchâtres*" (RR; p. 198). Au moment critique, où il paraissait qu'il allait définitivement les heurter en plein: " *Il poussa un grand cri, il fit un suprême effort, il dégagea si rudement ses pieds de la boue et du courant qu'il ressentit un choc, un choc bizarre, comme si, dans sa chute, il eût heurté le fond même du fleuve, le lit caillouteux même du fleuve ...*" (RR; p. 199) Une transformation s'est déjà produite dans ce héros qui, de son propre vouloir, vient de rejeter de cette façon la luxure. Et Baloum de déclarer lorsqu'il le retrouve dans la brousse: "*Tu as une force! ... Ce n'est plus comme quand tu es arrivé à Aziana. Tu es devenu un lion!*" (RR; p. 200). Evidemment, Baloum faisait allusion à la force physique de Clarence qui, toujours désorienté, gigotait pour se dégager de force des mains de Baloum, de Noaga et de Nagoa. Baloum l'a vu "*graduer*" du niveau d'un "*poulet*" à celui d'un "*lion*" en passant par les stades d'un "*coq*" et d'un "*étalon.*" Mais on pourrait y voir aussi la transformation du néophyte de l'être passif de jadis à un être nouveau, actif et décidé de changer sa vie en la prenant dans ses propres mains. Il déclarait qu'il ne voulait pas rentrer dans sa case et qu'il ne voulait pas non plus revoir sa femme, Akissi.

Rentré au village, Clarence change d'avis. Il consent à revoir sa femme, Akissi, les deux polissons, Noaga et Nagoa, et à parler à Baloum, tous ceux qu'il ne voulait plus voir lors de sa fuite dans la brousse: "*Jamais Clarence ne s'était aussi profondément enfoncé dans sa condition que depuis le jour où il avait résolu de s'en arracher, le jour où il avait décidé de vivre dans un désert*" (RR; p. 209). Même les femmes du Naba qui venaient la nuit ne se dissimulaient plus. Le héros s'accepte tel quel. Le narrateur intervient par le discours indirect libre et dit: "*Quelle différence y avait-il entre eux et lui? (...)* Et le héros lui-même d'ajouter, "*Il n'y a pas de différence ...*" (RR; p. 209). C'est la seule façon, il lui semble, de réaliser son destin, voire de mériter "*le regard du roi.*" Du point de vue de la spiritualité africaine, on ne veut pas que la transformation du néophyte soit radicale, sinon cela reviendrait à un changement total et définitif de l'être. Voilà pourquoi le héros veut rester humain, vivant essentiellement sa vie d'homme dans la famille et dans la communauté. Cela explique aussi pourquoi il subit, à plusieurs reprises, des expériences spirituelles dont il a besoin. C'est dans ce sens que la retraite du héros dans la grotte de Dioki lui était aussi nécessaire, malgré le progrès qu'il avait déjà fait jusque-là. A vrai dire, aucune expérience n'est superflue.

Rentrée dans la grotte

La rentrée dans la grotte ressemble à l'état de la régression dans le ventre de la mère pour renaître. Selon Mircea Eliade: "... *descendre vivant dans les Enfers, affronter les monstres et démons infernaux, c'est subir une épreuve initiatique.*"[18] Le héros veut consulter la sorcière, Dioki, sorte de "*déesse d'en bas,*" sur son destin. Il y a allusion ici au mythe selon lequel la sorcellerie et la magie opèrent sur la matière, par des processus mystérieux invérifiables, pour capter le pouvoir inné inaccessible au héros.

La sorcière de la mythologie africaine se distingue souvent du sorcier ou du guérisseur, sa contrepartie masculine. Celui-ci appartient à la lumière, au jour, à la construction, et à la société. Il veut faire, avant tout, du bien. Il vit dans un monde stable où il accomplit de grandes choses. On l'approche facilement pour savoir. Il base ses savoirs sur l'évidence et conformément à la logique de la vision du monde de la communauté. C'est une sorte de magicien. Or la sorcière, elle, est l'élément de la nuit et des ténèbres. Par sa constitution physique elle représente, comme toutes les femmes, la terre, c'est-à-dire matière inerte, qui fournit toutes les nécessités de l'existence. Elle est aussi l'eau, élément fondamental de prolifération et d'abondance. Son sexe et ses accoutrements dénotent, par analogie, les aspects mystérieux de la création.[19]

La sorcière vit généralement dans la grotte, censée être l'organe génital de la terre. Elle symbolise, avec les cavernes et les sépulcres, le poste de repos et de transformation vue l'idée de fermeture et d'inaccessibilité qui caractérise ces habitats. Aussi, la sorcière, est-elle tenue de posséder le don de clairvoyance. Elle se donne comme intuitive. On la trouve capable de résoudre les problémes d'une manière brusque et inattendue. Comme toutes femmes, elle possède le pouvoir de séduction, d'artifice et de ruse. Elle attire et en même temps repousse l'homme. De nature complexe, elle est aussi difficile à comprendre que la nuit et l'ombre.

Dioki, notre sorcière, ne diffère guère de cette description générale des sorcières. En tant que terre nourrissante, elle attire le héros par son don de plénitude. Mais elle le repousse à cause de sa passivité, son accouplement avec les serpents, qui sont comme des compléments vivants du labyrinthe aidant à la métamorphose,[20] et sa laideur physique. Le héros la regarde comme la vieille folle, aux seins flétris et à la croupe répugnante. A un moment de désespoir où la vision de l'avènement du roi n'aboutit à rien, il croit voir ses os, *"qui par endroits semblaient vouloir percer la peau, qui étaient comme du bois mort dans un sac ridé et racorni"* (RR; p. 223). Dioki est changeante et impossible à maîtriser, tout comme sa grotte. Elle est le chaos qu'on ne peut pas approprier sans la dominer. Mais à l'image du Soleil, elle est capable de révéler l'homme à lui-même. En tant qu'Arbre de vie, elle peut transformer la nuit en jour et l'ombre en lumière. C'est elle précisément que le héros désire pour lui dévoiler son destin. Selon Noaga: *"… elle voit tout et elle fait découvrir tout."* Un peu plus loin Nagoa ajoute: *" Elle ne dit jamais tout (…) Elle découvre les choses et elle les fait voir. Mais on ne les découvre et on ne les voit à son tour que si on prend la peine de les bien regarder"* (RR; p.211). Dioki se comparerait à Circé, la fille magicienne d'Helios et de Perse de la mythologie grecque. Circé est rendue encore plus célèbre par Homère dans l'*Odysée*. Selon cette épique, Circé métamorphosa les compagnons d'Ulysse, d'abord, en pourceaux, puis en bels hommes, en hommes plus beaux qu'ils ne l'étaient de nature. Dioki, elle aussi, conduit la déstinée des hommes. Elle aussi ne laisse s'échapper aucun mortel qui entre dans sa grotte sans métamorphose. Elle haït l'ombre et les ténèbres, et veut toujours résoudre les énigmes. Elle possède la sagesse et la vision de la déesse de la terre, Ani, de la mythologie igbo, à qui rien n'échappe. Ses autres corollaires seraient, peut-être, la déese grecque, Athena, la détenteuse de la vie et de la mort et Eshou, le dieu énigmatique de la mythologie yorouba, sorte d'Artémise grecque, qui aide l'homme à se métamorphoser. En tant qu'intermédiaire entre le héros et le cosmos, Dioki va pénétrer dans la grotte pour en tirer les signes et les messages du destin pour le héros. Elle est la représentative de la Divinité. Elle sert aussi d'intermédiaire entre les morts et les vivants. La première fois, le héros apprend que le roi viendra dans l'après-midi. Plus tard, et plus définitivement, il trouve que l'événement sera le lendemain à midi. Cette appréhension dépend de sa maturité et suit l'allure de son illumination.

Il semble, pourtant, que le futur est difficile à conceptualiser sans l'empreinte humaine. Le roi arrivera *demain*. Ce point temporaire inclut le passé humanisé. Il arrivera à *midi*, le moment où le néophyte sera prêt. Le soleil du midi est symbolique de la perfection, de la totalité et du salut personnel. Le soleil en forme du cercle symbolise aussi Dieu, ce Dieu qui est l'agent qui menera le néophyte au paradis. On y voit surtout l'image de ce héros qui attend le moment de sa maturité sans le savoir. D'abord, dans la grotte, le roi, ou le néophyte, car la distinction n'est plus nette, est une toute petite parcelle de lumière. Puis, il va en grandissant jusqu'à ce qu'il devienne un très grand ballon de lumière. Le roi surgit de cette lumière et retrace en sens inverse la traversée Nord- Sud que le héros vient d"accomplir. Le message aurait été clair à un homme averti, mais Clarence restait tout à fait ignorant de son sort. On comprend alors sa déception. Il ne comprenait toujours rien des signes que Dioki ne voulait pas ou ne pouvait pas lui interpréter.D'où cette conversation énervante entre sorcière et héros:

> – Je t'ai dit que le roi était en route. Que pourrais-je te dire de plus?
>
> – Mais à quel moment s'assoira-t-il sous la galerie? Il faut que tu précises le moment.
>
> – Il s'assoira dans l'après-midi, dit-elle.
>
> – Cet après-midi?
>
> – Un après-midi parmi les après-midi. Un après-midi comme tu n'en connaîtras qu'un, indicible, plus radieux que le soleil au zénith, plus vaste et plus profond que le ciel même. Un après-midi sans pareil.
>
> – Ce n'est pas une réponse!
>
> – Ta question était-elle une question? fit-elle.

[...]
– C'est comme si tu demandais au serpent à quel instant il te mordra. Lui-même ne le sait pas. Non, personne ne pourrait répondre à ta question." (RR; p. 219).

Avant d'aborder Dioki dans sa grotte, Clarence comprend qu'il ne doit pas chercher le regard de Dieu sans faire un sacrifice, sacrifice qui est la base même de la spiritualité africaine. Du point de vue de la religion africaine, l'offrande se valorise comme le porteur du destin de celui qui le fait. Voilà pourquoi Clarence hésite entre plusieurs choix avant de se décider. D'abord, il juge que les *fleurs* ne devraient pas plaire à Dioki, malgré leur parfum très agréable, puisqu'elle a dépassé l'âge de coquetterie. Puis, il trouve que *le vin de palme*, une sorte de stimulant, risque de l'exciter jusqu'à la folie. Ensuite, le héros dit qu'à cause de sa laideur et sa vieillesse elle n'appréciera peut-être pas un collier. Pire, elle en a déjà plusieurs qui sont très beaux. Il ne doit pas non plus lui donner les *rats* qui abondent `a l'époque `a Aziana. Ce symbole thériomorphe, raisonne-t-il, est un des signes du mal. Le héros ne veut pas lui donner *l'escargot*, cet animal lunaire qui porte sa demeure en forme de spirale sur le dos. Elle dénote la synthèse et la permanence de l'être parmi les fluctuations du mouvement et du changement. Etant donné le stade spirituel de ce héros qui n'est pas encore prêt pour le salut, faire ce genre de sacrifice ne lui sera pas utile. Il n'aurait plus la chance de se racheter. Les *sauterelles*, elles, ne serviront non plus au héros vu qu'elles sont ces insectes qui, avec les grenouilles, attirèrent les plaies à l'Egypte. Comme la vermine, elles symbolisent donc le mal. Le héros se décide finalement à lui donner deux paniers *d'oeufs*. L'oeuf est un symbole archétype de retraite en coquilles. C'est aussi le symbole de la vie. Deux paniers d'oeufs, reviennent à une grande quantité qui servira très suffisamment à avancer son progrès spirituel.

En tant que lieu d'initiation, la grotte de Dioki s'assimile à la matrice de la Terre-mère. C'est un sanctuaire, sorte d'antre, couvert d'une palissade. On y descend par un sentier couvert d'une ombre suspecte et des fragments de bambous. Une poterne qui se trouve au bout de ce sentier désigne une petite cour bordée d'un mur bas. On prend ici un escalier pour descendre dans une seconde cour. C'est une demeure isolée, une vraie fosse aux animaux au fond de la terre. C'est ici que Noaga et Nagoa escortèrent Clarence pour affronter son destin. Ces jumeaux, eux, rappellent les jumeaux primordiaux qui assistèrent à la naissance cosmogonique des humains. À croire la cosmogonie zuñi de l'Amérique du Nord:

> ... l'humanité primordiale prit naissance [à la suite de l'hiérogamie Ciel-Terre] dans la plus profonde des quatre "cavernes matrices" chthoniens. Guidés par les jumeaux mythiques, les humains grimpent d'une "caverne-matrice" à une autre jusqu'à ce qu'ils arrivent à la surface de la Terre.[21]

Ce sont Noaga et Nagoa qui aident Clarence à transporter ses offrandes pour Dioki. Ce sont eux encore, l'épreuve terminée, qui l'accompagnent à sa case. Ils rapportent qu'ils l'avaient vu serrer la vieille Dioki et faire l'amour avec elle, alors que le héros croyait que la sorcière se trémoussait avec les serpents. Durant son séjour à Aziana, les deux jumeaux lui tiennent compagnie, comme des frères aimables et sympathiques.

Aziana, il n'est pas exclu de le remarquer, est un pays du Sud avec toute la chaleur, l'hospitalité et surtout la promiscuité et la sensualité qui le dynamisent. Cette ville du Sud permet au héros d'annihiler son "id" et de se purger de la sensualité. Grant Moore voit une similitude phonétique entre "Aziana" et l'"Ariana" musulman, ce concept du paradis islamique qui attribue la virginité perpétuelle à chaque musulman fidèle.[22] Le même concept recouvre l'idée de paradis dans le Nirvãna que personne ne peut entrer sans avoir pleinement vécu au préalable sa vie. L'idée en appelle aussi à celle de l'Afrique du Sud, déchirée par le système raciste d'apartheid, qui voudrait se nommer "Azania" à sa libération.

On se rappelle l'histoire providentielle du jeune prince, Guatama Sakyamuni, déstiné à devenir ou bien un Bouddha ou bien un Empereur.[23] D'après Joseph Campbell, Guatama vivait en retraite, dans un séminaire, à l'abri des expériences de la vie, de la mort, de la maladie et de l'âge. C'était la seule façon de devenir un Bouddha. Or, son père ne voulait pas qu'il devienne le Bouddha parce qu'il préférait la vie d'Empereur. Aussi, pour aiguiser son appétit pour les joies de la vie, lui envoyait-il des jeunes filles dans le séminaire. Mais l'inverse s'accomplit. Pleinement satisfait dès son jeune âge des plaisirs de la chair, Guatama se retira du monde. Le père, à son insu, accélérait le destin de son fils en cherchant à l'entraver. Il en est de même pour le héros layéen qui avance malgré lui vers son destin. Seulement, à l'encontre de Bouddha, il ne va pas rester assis dans son fauteuil dans un sommeil éternel. Il va chercher à retourner à son peuple en mage et en écrivain révolutionnaire pour l'aider.

Mort symbolique des deux "moi" intimes antagonistes

Comme d'habitude, à chaque étape importante de l'itinéraire spirituel, le héros change de nom. Maintenant il s'appelle Fatoman. Le nouveau lieu de son initiation est Kouroussa, un village du pays guinéen. Sa *"maîtresse de feu"* est Dramouss, une femme surnaturelle qui va présider à un rite de passage dont le but est le développement psychologique du héros. Dans la culture malinké, Dramouss est une créature anthropomorphique, mi-bête et mi-humaine, qui vit au sommet de la montagne. Elle en descend, de temps en temps, pour punir les méchants. C'est Dramouss qui aidera le héros à se réconcilier à lui-même.

Dramouss se présente sous le symbolisme de la blancheur, évidente dans son teint, dans la clarté et la lumière qui se produisent lorsqu'elle se remue. La couleur blanche, il faut nous le rappeler, est la seule des couleurs cardinales capable de se produire par le mélange de toutes les couleurs, à l'exception de la couleur noire. Comme l'arc-en-ciel, la couleur blanche représente la plénitude, et la totalité de toutes les essences. Elle est la couleur éclatante et emblématique de la transformation. Dramouss, est l'agent blanc qui conduira l'initiation du héros à Kouroussa. Elle a la tâche de réconcilier le *"moi"* et le *"id"* séparés du héros. Jusqu'ici, leur séparation a abouti à la blessure de la personnalité et, par conséquent, à beaucoup de souffrance psychologique.

Cette prise de conscience par le héros de son besoin psychologique ressemble au choc initial, qui d'ordinaire, dans les rites d'initiation, est l'appel du néophyte à l'aventure. A un moment de crise psychologique il dit:

> Je n'avais senti et compris combien j'étais un homme divisé. Mon être, je m'en rendais compte, était la somme de deux 'moi' intimes ... (DS; p. 186).

Un peu plus loin il élabore ainsi ses pensées:

> "La querelle entre les deux 'moi'—je devais dire: mon impuissance devant la querelle des deux 'moi'—était telle que je ne pouvais manger. Aussi me rendis-je tout droit dans la case de mon père" (DS; p. 187).

Son père lui donne une boule blanche cernée de cauris qui lui sert de talisman au cours d'un rêve complexe et compensateur. Cette boule blanche est une sorte d'*ouvre-toi sésame*, un catalyste ou la conscience libératrice de la psyché, qui permettra la réconciliation des deux "moi" divisés. L'univers du rêve qui se présente à la suite du sommeil est dominé par le symbolisme de l'obscurité, de la torture et de l'incarcération. Epaisses fumées noires, prisons, murs, baïonnettes, nuages noirs, chiens policiers, flagellation, meurtres, mauvaise économie et escarmouches religieuses sont quelques-unes des images du régime diurne, qui traduisent le visage du temps. Elles poussent le héros à prendre les armes tranchantes d'aggressivité pour se libérer.

Sa cabane initiatique est une prison sombre, à haute muraille épaisse, grise et circulaire, et en béton armé. Ce genre de lieu clos n'est pas accessible à tous ceux qu'il enferme. Il n'y a qu'un portail que garde un colosse d'homme. La muraille semble se perdre dans le ciel. On a l'impression d'une vraie forteresse. Le garde saisit le néophyte par les pieds, le fait tournoyer comme une fronde et le lance dans le ciel. Pour un moment, le néophyte flotte légèrement sur les nuages et tombe tout près de la muraille de la prison. La garde le prend au piège et l'enferme dans la prison. Il est condamné par la suite à la mort pour sa générosité à outrance.

Le détail du procès est allégorique de l'épreuve de Jésus Christ pendant quarante jours dans la forêt avec le diable. Le garde, à la fois témoin à charge et juge s'exprime en ces termes:

> Tu es comme le *linké* (…) Exactement comme cet arbre géant, qui, au lieu de porter son ombre à son pied, la porte bizarrement à des lieues à la ronde, abandonnant ainsi ses racines au soleil, bien que celles-ci aient besoin d'humidité pour que l'arbre survive. (DS; p. 200).

Le néophyte explique, en vain, qu'en rendant service à son voisin il se sert aussi. La veille de la date fixée pour son exécution, il prie Dieu avec force et conviction, comme son dernier effort pour se sauver. Il se produit une intervention surnaturelle, car il lui semble que Dieu est descendu habiter son âme. Il a le sentiment de quelqu'un qui n'existe plus, puis il s'évanouit. Edgar Poe explique l'évanouissement comme une chute ontologique à l'intérieur de l'être où, tour à tour, la conscience de l'être physique et celle de l'être moral disparaissent. L'évanouissement est donc accompagné souvent par l'envoûtement. Sur le vocabulaire de l'envoûtement écoutons Bachelard:

> Cette sensibilité, affinée par la décroissance de l'être, est entièrement sous la dépendance de l'imagination matérielle. Elle a besoin d'une mutation qui fait de notre être un être moins terrestre, plus aérien, plus déformable, moins proche des formes dessinées.[24]

Au moment même où les soldats l'entourent, les fusils à bout portant, le néophyte est transformé en un oiseau: *"un épervier, qui avait battu les ailes et qui, hors de tout danger, semblait survoler la prison"* (DS; p. 217). A en croire Toussenel sur le symbolisme de l'aile:

> L'aile, attribut essentiel de la volatilité, est cachet idéal de perfection dans presque tous les êtres. Notre âme, en s'échappant de l'enveloppe charnelle qui la retient en cette vie inférieure, s'incarne en un corps glorieux plus léger, plus rapide que celui de l'oiseau.[25]

Il y a donc une certaine transcendance qui se produit dans l'âme du néophyte suivant sa prière fervente pour le salut. Sur la transcendance qui accompagne le symbolisme de l'aile, Bachelard dit ce que voici:

> La force de l'aile est, par nature, de pouvoir élever et conduire ce qui est pesant vers les hauteurs où habite la race des dieux. De toutes les choses attenantes au corps, ce sont les ailes qui le plus participent à ce qui est divin.[26]

De nature vif, jeune, gracieux, léger, suave, pur et adoré, l'oiseau, dit Durand, est un archétype de l'ascension et du progrès. Il est gardien de la mort, de la vie et du temps.[27] En *"poussant"* des ailes, le néophyte s'envole vers la liberté.

Malheureusement, cette fuite vers la liberté est entravée par le garde qui se métamorphose, lui aussi, en un oiseau beaucoup plus grand que l'épervier. Selon le néophyte: *"Planant au-dessus de moi, il m'empêchait de gagner de l'altitude; lentement, mais sûrement, il me rabattait vers l'intérieur de la prison"* (DS; p. 217). En ce moment critique, Dramouss sous forme d'un gros serpent noir, descend du ciel et porte le néophyte vers le ciel. Cette délivrance est saluée par les détonations de fusils à l'intérieur de la prison. C'est une sorte de musique de célébration symbolique. C'est ainsi que se termine la première étape des épreuves du héros à Kouroussa.

La deuxième étape de l'initiation commence par l'errance du héros à Samakoro, un village où le serpent noir l'avait déposé dans la nuit, suivant son sauvetage du prison. Samakoro, ce nouveau lieu sacré d'initiation, est presque abandonné par les villageois à cause de la faim, de la maladie et des oppressions politiques et religieuses. Les quelques villageois toujours chez eux ont l'air affamé, infirme et malade. Le néophyte erre dans le village pendant plusieurs heures. Puis, il s'assied sous un caïlcédra. Dramouss, maintenant transformée en silhouette blanche portant un linceul blanc, descend du ciel. Ce symbole mortuaire et la présence de plusieurs cadavres qui gisent par terre, autour du caïlcédra, troublent énormément le héros. Dramouss ordonne au néophyte de ramasser le cadavre qui gît à l'écart des autres et de le ranger avec le reste. Pourtant le soi-disant cadavre a l'air d'un homme qui dort, vues sa mine ronde et la propreté de son corps. Ainsi le néophyte décide de ne rien faire. Mais, quand Dramouss répète son ordre pour la troisième fois, il se résigne à lui obéir. Au moment où il se courbe pour ramasser le cadavre, celui-ci se ranime et disparaît aussitôt. Affolé, le néophyte se rend compte que, simultanément, une force vitale pénétra son être. Ce mélange de la magie et du sacré suscite une prise de conscience chez le héros quant à son insuffisance spirituelle. Il dit: *"Conscient de cette triste réalité, je prenais peur. Une angoisse se répandait dans tout mon être, qui tremblait de fièvre"* (DS; p. 224).

Cette prise de conscience est suivi d'un baptême. Il est plutôt une épreuve, au lieu d'être dans le sens symbolique ordinaire de l'immersion d'un Christ, une purification. Il s'agit d'une vraie inondation qui désintègre et abolit toutes les formes. Tout s'y fond et s'y dissout. Le néophyte rapporte l'événement en ces termes: *" … je me sentais les pieds gêlés, comme si le sol avait été inondé d'eau glaciale. Quand je baissais la tête, je comprenais avec un surcroît de frayeur que le sol avait été subitement, mais très réellement, inondé"* (DS; p. 225). Bachelard explique le phénomène de la mort symbolique dans l'eau en disant que:

> Chacun des éléments a sa propre dissolution, la terre a sa poussière, le feu a sa fumée, l'eau dissout plus complètement. Elle nous aide à mourir totalement.[28]

A mesure que le néophyte essaie de se sauver en grimpant le caïlcédra, le torrent le poursuit avec force. Il lui arrive même jusqu'au cou. Il veut crier au secours, mais aucun son ne sort, ne se forme. Ainsi il se trouve complètement lavé. L'inondation dans ce dernier sens pourrait se valoriser comme une image verticalisante qui invite au sommet, au cosmos, au-delà du chaos, du labyrinthe et de la nuit spirituelle. Le néophyte est presque à ce point où les contradictions se dissolvent.

Ainsi accroché, toujours au sommet du caïlcédra, le néophyte revoit le gros serpent noir. Sa gueule est grande ouverte et une langue fourchue y remue. Le néophyte plonge la tête dans l'eau pour ne plus voir cette apparition étrange et effrayante. Selon Bachelard: *"On plonge dans l'eau pour renaître renoué—le complexe de la Fontaine de Jouvence est une espérance de la guérison."*[29] Quand le néophyte relève la tête de l'eau, le serpent s'est déjà changé en belle femme à la longue chevelure. Un sourire énigmatique joue sur ses lèvres. Une hirondelle survole les cimes de la branche où il est accroché et ensuite lui touche l'épaule. Ce sont là deux signes de sa renaissance éventuelle.

La troisième étape de l'initiation est une leçon morale qui se poursuit lorsque le néophyte est à demi enterré, pour ainsi dire, dans l'eau. Le sourire énigmatique de Dramouss disparaît et un autre plus féroce prend sa place. Ses yeux se transforment en phares qui portent très haut dans le ciel *"obscur et lugubre."* Le tonnerre y gronde furieusement. Ces phares découvrent sur une esplanade une foule en deux files, les uns à gauche et les autres à droite. Ceux qui sont à droite portent des boubous de couleur bleu-ciel. Ils chantent joyeusement. Or, ceux qui sont à gauche portent des boubous qui sont en feu. Ils crient désespérément. On y reconnaît la parodie de l'image du Paradis et de l'Enfer dans la Bible.

Tout juste au milieu des deux rangs des êtres humains est un très grand tableau portant une inscription. C'est une leçon morale sur la charité envers autrui. Le fait que cette leçon figure en lettres majuscules est doublement révélatif:

> SUR LA TERRE, L'HOMME NE FAIT RIEN POUR PERSONNE, NI RIEN CONTRE PERSONNE; IL FAIT TOUT POUR LUI-MEME ET TOUT CONTRE LUI-MEME (DS; p. 227).

L'image rappelle l'Arbre de vie cabalistique d'origine juive. Cet emblème signifie la sagesse judaïque. On le donne à chaque Juif à l'âge de treize ans, qui accomplit l'initiation qui fait de lui un vrai Juif. Dès lors, il a la responsabilité de maintenir la tradition et défendre les causes juives. Il devient donc un bar-mitzva. La fille juive devient, elle, une bat-mitzva. Ce Glyph israélien a trois branches principales: la colonne de Miséricorde à droite, la colonne de Sévérité à gauche et la colonne d'Equilibre au milieu. L'Equilibre est la condition de l'initiation qui a réussi. C'est la conscience illuminée, Tiphareth, qui rend compte de l'importance de la modération dans les pensées et les actes.

Vue de l'angle de la sagesse divine de la tradition théosophique, cette leçon morale valorise la troisième loi de Newton qui dit qu':*"à chaque action, il y a une réaction égale et opposée."* C'est donc une question de cause et d'effet. Pour chaque bienfait, on reçoit une récompense égale dans l'esprit. Pour chaque méfait, au contraire, on se détruit de la même mesure au niveau astral ou mental, parfois pour bien longtemps. C'est la loi de Karma sur effet. Elle peut agir immédiatement ou médiatement. Saint Paul justifie le même concept en disant ce que voici:

> Ne vous y trompez pas; on ne se moque pas de Dieu. Ce qu'un homme aura semé, il le moissonnera aussi. Celui qui sème pour la chair moissonnera de la chair la corruption; mais celui qui sème pour l'Esprit moissonnera de l'Esprit la vie éternelle. Ne nous lassons pas de faire le bien; car nous moissonnerons au temps convenable, si nous ne nous relâchons pas. Ainsi donc, pendant que nous en avons l'occasion, pratiquons le bien envers tous, et surtout envers les frères en la foi.[30]

Voilà donc la leçon morale que Dramouss veut enseigner au néophyte, qui s'évanouit quand elle braque ses phares sur lui. Elle le ranime en le tenant debout sur ses jambes toujours faibles. Son corps ruisselle de l'eau de l'inondation qui vient de reculer.

L'Apothéose est la dernière étape de l'initiation. C'est le moment d'illumination où la *"maîtresse de feu"* donne à l'initié l'insigne de sa nouvelle condition. Dramouss confie au myste un bâtonnet d'or qu'elle avait sauvé de l'inondation. C'est le symbole de la révolution que le néophyte va mener dans son pays natal. Cet emblème de pouvoir est sous forme d'un stylo-mine. Il symbolise l'insigne de l'intellectuel, voire du littérateur engagé. C'est comme l'Arche de Noé avec lequel il sauvera le peuple. Dramouss le nomme le symbole de commandement pour le Lion Noir qui mènera une juste révolution pour délivrer son pays. Rappelons, au sujet du symbolisme de bâton, que Moïse a frappé la Mer Rouge avec le bâton que Dieu lui avait donné pour frayer instantanément la route du salut vers le paradis de Canaan à son peuple juif.

Ayant suivi la voie de sa propre aventure, le néophyte finit en parfait accord avec sa *"mère initiatique."* En donnant de l'or au néophyte, Dramouss manifeste cette parfaite entente entre elle et l'initié. Comme Jason mythologique, le héros empoche son *"elixir vital."* Il deviendra, lui, un littérateur révolutionnaire. L'écrivain, comme l'alchimiste, travaille pour changer le monde et le dominer. Il ne se retire pas du monde comme l'ascète, le métaphysicien ou Bouddha. Au contraire, comme Hermès, le dieu grec des artistes, il va à la redéification de l'homme. A ce propos, écoutons Chantal Robin:

> "Pour le créateur, il s'agit non seulement de descendre aux enfers, comme Orphée, mais surtout d'établir, tel Hermès, la liaison entre le monde d'en bas et le monde d'en haut: il s'agit de se faire messager, de ramener les ombres à la lumière, de les ressusciter."[31]

Maintenant re-né, le néophyte est prêt à faire *un retour au pays natal.*

NOTES DU TROISIÈME CHAPITRE

[1]Joseph Campbell, *The Hero With A Thousand Faces,* pp. 108-109.

[2]La Sainte Bible, Marc 10:14-15.

> "Lorsqu'on ne vous recevra pas et qu'on n'écoutera pas vos paroles, sortez de cette maison ou de cette ville et secouez la poussière de vos pieds."

[3]Eric Sellin, "Alienation in the novels of Camara Laye," *Pan-African Journal,* Vol. 4, 1971, p. 464.

[4]Carl Gustav Jung, *Man and His Symbols,* New York, Doubleday, 1965, pp. 77-78.

[5]Voir aussi Adèle King, *The Writings of Camara Laye,* p. 52.

[6]Victor O. P. White, *God and the Unconscious: An Encounter Between Psychology and Religion* (foreword by C. G. Jung), New York, The World Publishing Company, 1967, pp. 264-265.

Voir aussi Wolfgang Hochheimer, *The Psychotherapy of C. G. Jung,* New York, H. Wolff Boule Manufacturing Company, 1969, p. 31.

[7]Dominique Zahan, *The Religion, Spirituality and Thought of Traditional Africa,* Chicago, Chicago University Press, 1979, p. 68.

[8]Roger Chemain, *L'Imaginaire dans le roman africain,* p. 385.

[9]La Sainte Bible, Luc 15:1-10.

[10]La Sainte Bible, Luc 18:25.

[11]Roger Chemain, op. cit., p. 358.

[12]La Sainte Bible, Jean 10:9.

[13]Ibidem, Jean 14:6.

[14]Mircea Eliade, *Initiation, rites, sociétés secrètes*, p. 90.

[15]Voir C. G. Jung, *Man and His Symbols*, Chap. 3, "The Process of Individuation," IN M. L. von Frantz, pp. 163-164.

[16]Mircea Eliade, *Forgerons et Alchimistes*, p. 108.

[17]Gilbert Durand, *Les Structures Anthropologiques de L'imaginaire*, pp. 421-422.

[18]Mircea Eliade, *Initiation, rites, sociétés secrètes*, p. 134.

[19]Mircea Eliade, *Forgerons et Alchimistes*, pp. 41-44.

[20]Gilbert Durand, *Les Structures Anthropologiques de L'imaginaire*, pp. 421-422.

[21]Mircea Eliade, op. cit., p. 41; voir aussi Mircea Eliade, *La Terre-mère et les hiérogamies cosmiques*, p. 60.

[22]Grant H. Moore, "The Writings of Camara Laye," p. 141.

[23]Joseph Campbell, op. cit., p. 56.

[24]Gaston Bachelard, *L'Air et les Songes*, p. 115.

[25]Ibidem, p. 80.

[26]Ibidem, pp. 82-82; voir aussi pp. 79-106.

[27]Gilbert Durand, op. cit., pp. 50-56.

[28]Gaston Bachelard, *L'Eau et les Rêves*, p. 25.

[29]Ibidem, p. 34.

[30]La Sainte Bible, Galates 6:7-10.

Voir aussi La Sainte Bible, Luc 6:19-31.

Voir aussi Ben Anyaeji, "Karma, the Law of Compensation," *Sunday Times*, Lagos, April 6, 1986, pp. 12-21.

[31]Chantal Robin, *L'Imaginaire du Temps Retrouvé*, p. 41.

QUATRIÈME CHAPITRE

🪟 RENAISSANCE 🪟

> *Comme la graine, je pourrais mourir quand la*
> *plante se serait développée ...*
> (Marcel Proust, *Le Temps*
> *Retrouvé*, III, p. 89)

A la fin du parcours initiatique, nous pouvons parler d'une renaissance initiatique à double stance, qui suit le scénario de la mort symbolique. D'abord, le héros subit une transformation religieuse, personnelle et extatique et accède à un mode d'existence supérieure. L'effet du Temps est annulé dans sa vie. Puis, parmi son peuple, il trouve sa vocation et son destin. Sa renaissance s'accomplit à deux niveaux spirituel et existentiel.

Renaissance spirituelle

La renaissance spirituelle du héros advient d'une manière dramatique, à Aziana, comme la culmination de toutes ses transformations. Il vient de sortir de la grotte de la sorcière, Dioki, où il est allé apprendre la date de l'arrivée du roi. Il voit les jumeaux, Noaga et Nagoa, qui l'attendent. Ceux-là l'informent de l'arrivée du roi pour le lendemain à midi. En effet, les tambours parlants, symboles de la voix de Dieu démiurgique, annoncent déjà la bonne nouvelle. Extrêmement content de lui-même, vu que son attente prend fin, le héros manifeste tous les signes d'une transformation spirituelle:

> Il rayonnait comme si le roi eût déjà posé le
> regard sur lui. Oui, comme si véritablement un
> autre visage, un visage plus haut, plus grand,
> déjà se fût emparé du sien ... (RR; p. 227).

Dans la métamorphose spirituelle du héros deux images clefs, l'eau et le feu, aident énormément à dégager la re-naissance qui accompagne l'expérience.

Rentré chez lui de la grotte, le héros se prépare pour le rencontre avec le roi. Il prie sa femme, Akissi, de le débarrasser de la souillure, symbole de son abjection qui, croit-il, repousserait le roi. Il veut qu'Akissi le lave avec de l'eau de la jarre-douche, du savon et la serviette-éponge. Il ordonne à Akissi:

> Lave-moi le dos, Akissi [...] Lave-le bien, lave-le
> mieux que tu ne l'as jamais fait (RR; p. 228).

Puis, il ajoute encore:

> Frotte-moi vigoureusement. Il ne faut pas qu'il
> demeure sur moi la moindre souillure (RR;
> p. 229).

Et Akissi de répondre:

> Quand j'aurai frotté avec la pierre ponce, tu
> seras comme un sou neuf (RR; p. 229).

Se laver nu, c'est s'ouvrir à l'extérieur.Par extrapolation, c'est se montrer prêt à communiquer avec le monde et la Divinité. L'image en appelle à l'abjection du roi judaïque, David, lors de son aventure amoureuse avec la reine Bath-Schéba. Supris en flagrant délit par Nathan le prophète, il prie Dieu pour la pitié et la grâce. Il lui demande de le laver afin de le purifier de ses péchés.[1] Dans la culture hébraïque de la religion judéo-chrétienne qui a rendu fameux l'hysope, quelques gouttes d'eau suffissent à purifier spirituellement.

Enfermé dans sa case sur l'ordre du Naba transmis par Le Maître des cérémonies, Clarence ressemble à un homme en retraite. C'est la séparation, l'abandonnement et la solitude qui disposent l'homme à rencontrer la Divinité. Il assiste, par la suite, à un mime de fécondation présenté par Noaga et Nagoa au centre de la Place. On dirait la répétition de l'acte cosmogonique de la création ou de la naissance de l'humanité suivant la copulation du Ciel et de la Terre. C'est une sorte de lavage du soi-disant péché du héros à cause de ses orgies sexuelles avec les femmes du harem. En valorisant l'acte sexuel comme une oeuvre créatrice dont le but est la fécondation, le mime valorise en même temps, quant à nous, la sensualité du héros comme une oeuvre créatrice et fraternelle dont le but est l'entendement de l'homme par l'homme à travers les races et les cultures. Il est important de noter que les enfants nés de l'expérience sont des métisses, les soi-disant *"sang-mêlé"* qui forgeraient, à l'âge adulte, la compréhension transculturelle. Puis, ce mime a lieu devant le peuple et devant le Naba, témoins de la renaissance du héros et de la société.

D'autre part, selon Eliade, se revêtir d'une peau de bête chez les Bantous, est un rite de passage qui dénote la gestation.[2] La nouvelle naissance est présentée par la sortie des jumeaux de la Place en rampant à quatre pattes. C'est donc la renaissance et pour le héros et pour les jumeaux qui avaient mis plusieurs années à se préparer pour cette danse.

Après l'annonce de l'arrivée du roi à midi, le héros atteint un état de béatitude accompagné d'une extase. C'est une sorte de mort temporaire qui passe aussi vite qu'elle n'est arrivée. Il s'évanouit alors que tout le monde s'agite avec joie. Ce sommeil de contemplation désigne la mort aux choses de l'extérieur, pour qu'il puisse recevoir la vision interne. C'est l'union parfaite avec la Divinité par le biais d'un sommeil de bonheur. Or lorsqu'il reprend conscience, tout ce qui lui reste de cette expérience en est la mémoire et la joie interne. Il se rend compte d'un silence de mort dans sa case. Tous ses amis, Baloum, Akissi, Noaga, Nagoa et Diallo qui avaient essayé, en vain, de le convaincre de s'approcher du roi, sont partis. Puis, il voit une lumière diffuse, douce, drue et extraordinaire qui ruisselle et qui émane de la personne du roi. A l'encontre des deux visites précédentes du roi, cette visite est le moment de l'illumination et de la purification de l'esprit de Clarence. Sans consumer le myste, la Divinité brule l'ancien homme en lui pour le remplacer avec un nouvel homme. Ce feu céleste entend débarasser le héros de ses fausses idées sur son état spirituel. Il veut lui apprendre par la suite de son acceptation inconditionelle par la Divinité. La similarité de ce décor avec la fin du voyage de Dante vers le Centre dans *La Comédie Divine* est très saisissante! Cette fois-ci, le regard du roi n'est plus lointain, méprisant, et condescendant, comme à l'occasion de sa visite à Adramé. Il n'est plus tourné vers la personne du roi comme à l'époque de son avènement dans la grotte de Dioki. Cette troisième et dernière fois, le regard du roi s'est transformé en lumière irrésistible, qui passe facilement par le mur. Cette lumière renverse l'affirmation physique et métaphysique selon laquelle la lumière passe lorsqu'il n'y a aucun obstacle. Devant le phénomène de la lumière qui bafoue toute convention, le héros *se dénoue*. Il atteint la catharsis. Des larmes de repentir jaillissent de ses yeux. Il est transfiguré devant la lumière et il voit le roi qui l'appelle du regard, de ce regard lumineux, qui donne de l'espoir. Le héros a passé toute sa vie à la recherche du regard du roi, pour avoir un contact avec Dieu qu'il adore. Il a toujours rêvé d'une certaine transformation lente en travaillant pour le roi, transformation qui le rendrait un Autre. Pourtant, à l'apogée de sa transformation tout prend une allure dramatique et radicale. Sous l'influence de la lumière, le héros ne voit aucun obstacle entre lui et le roi, parce qu' ils sont devenus des contemporains. Tout s'effondre entre eux, la paroi et la case. En pèlerin, il s'approche en chancelant, à travers l'épais tapis, vers le roi. Sa nudité dans sa case et durant son attente, nous l'avons déjà noté, dénote un être qui ignore toujours son destin. Arrivé au fauteuil du roi, il tombe à genoux. Le roi lui ouvre les bras et son manteau s'entrouvre et l'accueille dans le coeur et l'amour total et éternel du roi. Le héros a finalement atteint la gnose.

Ce moment de l'Apothéose, cette nuit spirituelle, dénote un être en possession de l'harmonie dans son être et dans la collectivité environnante, c'est-à-dire un *"sudiciste"* africain, selon l'expression de Molefi Kete Asante.[3] Au fond, il incarne une *coïncidentia oppositorum*. Au contraire d'un Bouddha, nous l'avons déjà vu, il n'est pas enfermé pour dormir à jamais, parce qu'il veut être utile à la société, sinon comme empereur du moins comme mage, révolutionnaire intellectuel. Selon

Eliade: *"'produire le feu' dans son coeur dans la transmutation spirituelle, c'est donner le signe qu'on a transcendé la condition humaine."*[4] Au cours de la deuxième étape de la renaissance qui suit, le héros fait un retour à la société.

Renaissance Existentielle

À Kouroussa, le héros, nouveau Lion Noir, reçoit de Dramouss l'insigne d'office, c'est-à-dire le bâtonnet d'or en forme de stylo-mine. Le soleil et la lune participent à la cérémonie et traduisent l'entente entre la Divinité et le monde humain. Ils mettent l'ordre dans ce monde tout comme les astres le font dans le Cosmos. La lune se transforme en barque, maison onirique et transitoire, et devient ainsi témoin de la parfaite compréhension entre le néophyte et le monde divin. Par son élargissement, *"d'une minuscule case aux dimensions d'une véritable planète"* (RR; p. 230)—sa croissance et sa décroissance—elle illustre le processus graduel du changement et de la transformation du héros. D'ordinaire, la lune confère la signification sur la vie et la mort par ses apparitions et ses disparitions cycliques. D'autre part, le soleil qui luit au-dessus de la tête du héros, pendant son ascension, comme une couronne divine, symbolise la permanence et la stabilité. Il sert à délimiter la vision du monde du héros. Sa course diurne et perpétuelle entre les Tropiques du Cancer et du Capricorne donne toutes les dimensions possibles à l'homme.[5]

Pendant l'ascension du héros vers le soleil, la corde, symbole d'élasticité et de lien avec la Divinité relie la barque au soleil. Dramouss est à son côté et le Lion Noir, le *daba*, le fusil et la sagaie à la main, est assis devant lui. La sagaie est le symbole de la justice, le fusil est le symbole du pouvoir politique et le *daba*, sorte de houe, est le symbole de l'agriculture. Ainsi les trois branches cardinales du pouvoir—executive, législative et judiciaire—sont conférées au héros, le nouveau mage de son peuple.

Le lion est un symbole anthropologique qui ressemble au taurin ou au loup-garou, dévoreur des astres et du Temps. À l'encontre d'Anubis, son archétype mythique, notre lion noir n'est pas un chien sauvage, mais un animal apprivoisé, affable, courtois et calme. Il ne rugit même pas. Il participe aux jeux et aux plaisanteries. Il ne devient méchant que si l'on veut s'approcher de la corde qui relie la barque au soleil. Il n'est non seulement le symbole du roi, mais aussi celui d'un homme cultivé, un intellectuel, un écrivain révolutionnaire.

L'image est réminiscente du Lion de Judah qui s'accorde avec Dieu et avec son peuple. Selon le narrateur:

> ... je découvrais qu'il n'était pas seul; je constatais que le peuple de ses frères l'accompagnait dans son ascension merveilleuse vers le soleil; et vers cette ordinaire source de lumière, vers le progrès; tous embarqués sur un même esquif, passagers solidaires, promis au même port ... (DS; p. 231).

Le héros, lui, revoit la Guinée qui est plus heureuse et plus unie qu'il ne l'était auparavant: *"ces filles vêtues de témourés et de pagnes chatoyants, ces hommes et ces vieux, ces femmes et ces vieilles. Je contemplais ma Guinée, guidée avec sagesse par le Lion Noir, l'héroïque et sage Lion Noir"* (DS; p. 231). Le héros contemple aussi l'entente entre les églises, les mosquées et les temples de la religion africaine. Il envisage la restitution de la prospérité, la justice et la civilisation dans son pays.

A son réveil du rêve qui a produit ces épreuves initiatiques, le héros se rend compte du fait que sa case flambe dans un incendie. Cet incendie est un baptême de feu pour le changement et le renouvellement. C'est un agent de transformation, de transmutation et de métamorphose. Il annule le passé pour substituer à sa place le présent, et partant l'avenir. Nous apprenons que cet incendie a commencé sans avertissement. Puis, nous observons que seuls les produits du tissage—les rideaux et les couvertures, qui sont tous des symboles du Temps —sont détruits. La vieille case du héros est aussi détruite. C'est dire que son ancienne personne est morte pour permettre la construction d'une nouvelle case et un nouvel être. La case est comme le macrocosme, le monde, et le héros est le microcosme. Tous les deux se reflètent mutuellement. Pour le héros, c'est le moment d'avancer dans la société pour *"forger "* et *"changer"* à un niveau beaucoup plus élevé que son père, au service de la communauté et du pays.

Quant à Dramouss, on ne peut pas exactement la traiter d'une incendiaire. On sait à quel point dans le monde moderne un incendiaire est le plus dissimulé des criminels. Sous l'image de la Divinité à double sexualité, à savoir la virilité du phallus (le gros serpent noir) et la féminité de la chevelure (la belle dame), elle est l'androgynat primordial à perfection, l'union des contraires, le lien entre la Matière et l'Esprit et la médiatrice entre la mort et la vie. C'est elle qui a surveillé la transformation psychologique du héros. Sa tâche accomplie, elle envoie le feu purificateur pour briser brusquement le passé et installer à sa place le temps nouveau.

Renaissance fondamentale

Plusieurs années après, au retour à son pays natal, le héros se rend compte de son destin de révolutionnaire. Dans une scène où un épervier s'empare d'un poussin, son père lui représente la situation politique au pays, caractérisée par le meurtre, la violence et la faim. À l'image de l'épervier, le gouvernement de dictature *"étouffe"* le peuple représenté par le poussin. Seule la Divinité ou son agent, le Lion Noir, peut délivrer la nation par la prière et les bienfaits. C'est ce dernier qui a été choisi, parce qu'il est convenablement armé pour la tâche à accomplir. Selon Eliade: *"L'initié n'est pas seulement le nouveau-né, il est l'homme qui sait, qui connaît les mystères, qui a eu des révélations d'ordre métaphysique ..."*[6]

En ce qui concerne la Terre-natale, en l'occurrence la Guinée, le héros se rend compte pour la première fois, *"de l'onirisme qui la [le] dynamise,"* selon Bachelard. Les années qu'il a passées à l'étranger lui ressemblent des années d'exil. Il dit:

> ... la terre-natale—quoi que l'on fasse et en dépit de la générosité ou de l'hospitalité qu'on trouve en d'autres pays—sera toujours plus qu'une simple terre: c'est toute la terre! C'est la famille et ce sont des amis, c'est un horizon familier et des façons de vivre que le coeur sans doute emporte avec soi, mais qu'il n'est jamais satisfait de tremper et de retremper dans la réalité. Au terme de ce grand voyage, mon grand pays me faisait signe" (DS; pp. 9-10).

Bachelard élargit cette idée de la Terre-natale en celle de la Terre-mère en disant ce que voici:

> Le retour au pays natal, la rentrée dans la maison natale, avec tout l'onirisme qui le dynamise, a été caractérisé par la psychanalyse classique comme un retour à la mère.[7]

En plus de voir son pays comme une immense mère, le héros le voit aussi comme une parcelle de lumière, sorte de symbole de la plénitude. Il dit:

> Mais il y avait ici cette lumière, il y avait cette fraîcheur de tons qui n'appartiennent qu'à cette terre, qu'à ma Terre, et dont mes yeux n'avaient plus l'habitude: une lumière plus frémissante et plus pénétrante, une verdure plus nourrie et plus fraîche, un sol plus éclatant qu'ailleurs. Mon coeur ne l'avait pas oublié, mais mes yeux ... Mes yeux clignaient! Cette fraîcheur et cette lumière, c'était bien ma Basse-Guinée: et aussi cette chaleur humide que je respirais, et ce soleil qui dardait ses rayons. (DS; p. 11).

Est-il étonnant que l'imagination du héros sur son pays aille en grandissant et qu'il le voie ensuite comme le centre du monde, l'*Axis Mundi*?: "*Tu pourrais même sentir que la Terre tourne effectivement. Tu te rendras compte physiquement de ce mouvement de rotation. Tu sentiras que tu tournes, que nous tournons tous avec la Terre,*" nous dit-il (DS; p. 48). Ces sentiments profonds et vrais, nous dit Bachelard, sont dus à l'amour passionnel du réel dont témoigne l'autochtone. C'est le sentiment filial et durable qui est à l'origine de tous les sentiments d'amour.[8]

Malgré l'amour profond pour ce pays dont il se considère le mage, le héros critique, tout de même, et d'une manière amère, la situation économique déplorable, la politique de dictature, le système d'enseignement de la jeunesse, et la perte de l'art traditionnel au profit de l'art moderne dépourvu de spiritualité. Il raille l'introduction du lucre dans l'école qui, "*devait dériver d'une certaine notion de l'homme, et tendre tout entière à l'épanouissement et l'accomplissement de cet idéal*" (DS; pp. 124-125). Il condamne le règne de l'argent au milieu de l'abnégation populaire. Il dénonce les hommes politiques sur un ton qui rappelle par trop la condamnation de Sodome et Gomorrhe:

> Il faudra dire qu'un régime qui se bâtit dans le sang, par les soins des incendiaires de cases et de maisons, n'est qu'un régime d'anarchie et de dictature, un régime fondé sur la violence et que détruira la violence (DS; p. 185).

Dieu a déjà dit de même à Noé et à ses fils dans un des trois mythes de commencement dans la Genèse de la Bible: *"Si quelqu'un verse le sang de l'homme, par l'homme son sang sera versé; car Dieu a fait l'homme à son image."*[9]

En conclusion, le héros révolutionnaire, nouveau Messie de son peuple, accepte son destin et sa vocation. La littérature serait pour lui un outil pour améliorer son pays et faire mieux connaître la civilisation africaine.

NOTES DU QUATRIÈME CHAPITRE

[1]La Sainte Bible, 2 Samuel, chapts. 11 et 12.

[2]Mircea Eliade, *Initiation, rites, sociétés secrètes*, Paris, Gallimard, 1959, p. 123.

[3]Molefi Kete Asante, *The Afrocentric Idea*, Philadelphia, Temple University Press, 1987, pp. 182-191.

[4]Mircea Eliade, *Forgerons et Alchimistes*, pp. 81-82.

[5]Dominique Zahan, *The Religion, Spirituality and Thought of Traditional Africa*, p. 76.

[6]Mircea Eliade, *Naissances Mystiques*, Paris, Gallimard, 1959, "Les Essais," p. 10.

[7]Gaston Bachelard, *La Terre et les Rêveries du Repos*, "La Maison Natale et la Maison Onirique," p. 121.

[8]Gaston Bachelard, *L'Eau et les Rêves*, "L'Eau maternelle et l'Eau féminine," pp. 155-156.

[9]La Sainte Bible, Genèse 9:6 Voir aussi Matthieu 26:52; Apocalypse
13:10; Marc 14:47; Luc 22:50; Jean 18:10.

TROISIEME PARTIE

VALEURS PHILOSOPHIQUES ET MORALES

En effet, interpréter une oeuvre, littéraire ou non, par elle-même et en elle-même sans la quitter un instant, sans le projeter ailleurs que sur elle-même, cela est en quelque sens impossible. Or plutôt: cette tâche est possible, mais alors la description n'est qu'une répétition, mot pour mot, d'oeuvre elle-même. Elle épouse les formes de l'oeuvre de si près que les deux ne font plus qu'un. Et, en un certain sens, toute oeuvre constitue elle-même sa meilleure description.

(Tzvetan Todorov, *Qu'est-ce que le Structuralisme?:2 Poétique*, p. 10.)

CINQUIÈME CHAPITRE

⊠ PHILOSOPHIE DE L'EXISTENCE ⊠

Nous arrivons à une interprétation qui fait converger les connaissances sur l'ouvrage de Camara Laye, en suivant la structure de l'analyse que nous avons faite. Grâce à notre étude, nous avons pu relever la cohérence interne qui unit les trois romans, qui fait d'eux une méditation prolongée sur la vie, la mort, la solitude, le péché, l'aliénation, l'isolement, l'angoisse, le salut, l'immortalité, la fuite du temps, le changement, etc. Au total, nous avons affaire à une étude synthétique sur le destin de l'Homme, voire de l'*Anthropos*.

L'homme et le destin

D'abord, nous confirmons une philosophie de l'existence qui est créatrice. C'est le fondement de la religion, la spiritualité et le mysticisme africains. Cette philosophie manifeste la foi dans le pouvoir de l'homme de surmonter les vicissitudes du Temps. C'est donc une philosophie anthropocentrique, car l'homme en est le centre. On fouille toutes les sources de l'existence pour découvrir à l'homme les mystères de la vie. Non seulement il connaît ces mystères, il les vit aussi dans une sorte de relation sujet-objet dans le subconscient. C'est finalement une philosophie qui dépasse le subconscient pour atteindre les domaines beaucoup plus élevés de la spiritualité, de la moralité et de l'éthique.

D'autre part, l'éthique, la base même de l'être humain, est un code de valeurs morales qui conduit les expériences humaines en toute liberté de pensée et d'action. L'homme veut connaître la réalité pour faire avec elle des actes créateurs. Il veut, une fois la connaissance acquise, agir et transcender l'objet de connaissance pour faire luire la lumière de la connaissance sur la réalité environnante. Comme le prisme il réfracte la lumière qu'il reçoit afin de conquérir la peur engendrée par certaines idées et valeurs morales traditionnelles. A leur place, il veut substituer des vérités et des valeurs nouvelles et créatrices.

La philosophie, en général, permet à l'être humain de trouver des solutions opératoires à ses problèmes existentiels. L'éthique, il faut bien le retenir, est la philosophie de l'esprit lorsque la philosophie arrive à sa fin. C'est *"la moisson d'une vie philosophique,"* pour employer l'expression de Nicolas Berdyaev.[1] L'éthique layéenne est en même temps sotériologique et axiologique, car l'homme est un être qui va à la quête du salut et aussi un être qui entreprend des oeuvres créatrices pour découvrir son destin et la moralité. Les romans layéens sont des phénomènes qui nous donnent, d'ailleurs, l'impression que l'Homme et le destin, en tant que sujets, ne sont ni faciles à découvrir ni simples à analyser. Ces romans établissent une philosophie de l'existence dans le monde du vingtième siècle où l'homme a de plus en plus besoin de comprendre la réalité et la vérité de la condition humaine. On y lit les descriptions des phénomènes plutôt que leurs explications, car il n'y a aucune explication à donner de la réalité. Le romancier va à la recherche de la réalité au niveau primitif, primordial et pré-philosophique de l'existence. Or, la raison et la logique ne voient que la dichotomie entre le sujet et l'objet de la conscience. Voilà ce qu'affirme, d'ailleurs, René Guénon:

> Plus on s'enfonce dans la matière, plus les éléments de division et d'opposition s'accentuent et s'amplifient; (mais) inversement, plus on s'élève vers la spiritualité pure, plus on s'approche de l'unité, qui ne peut être pleinement réalisée que par la conscience des principes universels.[2]

Etat pré-philosophique

A l'état pré-philosophique, toutes les civilisations diverses du monde s'accordent au même point. On observe, partout, la désapprobation de la raison et de la logique dans les matières spirituelles. A Adramé, par exemple, lors de l'attente par Clarence et la foule sur l'esplanade pour le roi, les gens grands se mettent devant les gens petits, si bien que ces derniers ne voient rien alors que les grands des premiers rangs leur bloquent le chemin. On se rend compte de l'état pré-philosophique de ces gens lorsque le narrateur ajoute: *"Mais peut-être cette ville appartenait-elle à un pays où aucune chance jamais n'était donnée"* (RR; p. 12). C'est le sort de l'homme dans l'état primitif de lutter pour sa survie contre les animaux sauvages et la nature. Il semble aussi que dans la matière spirituelle chaque homme doive lutter individuellement pour son salut à lui. Voilà pourquoi Clarence, en dépit des obstacles qu'il rencontre partout, *"insista tant, qu'il finit par se faufiler au premier rang"* (RR; p. 12).

Nous observons en plus le reniement de la logique dans la physique du roi. Le Mendiant dit qu'il: *"est jeune et il est fragile [...] mais il est en même temps très vieux et il est robuste ... "* (RR; p. 23). La perception du roi qui descend de selle est insaisissable parce qu'on voit, certes, la petite personne d'un enfant, mais les danseurs qui le descendent du cheval donnent l'impression de porter un objet extrêmement pesant. Emerveillé et étonné, le héros médite longuement, avec adoration, le concept de Dieu sans rien chercher à prouver ni à justifier. Il contemple simplement la réalité dans sa richesse et sa complexité. C'est Le Mendiant qui cherchera à expliquer que la lourdeur du roi est dûe à l'amour des croyants dont il est chargé. Mais il n'en est pas encore rien, car le concept de Dieu Suprême est aussi complexe qu'il est problématique.

Dieu Suprême

Le roi se présente comme la concrétisation du concept de Dieu Suprême. Vu d'un point de vue religieux, il est l'objet d'émotion religieuse et d'adoration du peuple. Son physique doublement énigmatique leur inspire une angoisse respectueuse. Rien qu'à le percevoir, le héros déclare: *" ... ce devait être le roi des rois; ce faste, ces cavaliers, ce nuage rouge et rayonnant, cette foule ... "* (RR; p. 20). Malgré sa mine orgueilleuse et dédaigneuse le peuple attend tout de lui. Même le héros, Clarence, tout son argent perdu au jeu, est venu lui demander un emploi. Que faire de ce Dieu qui égorge, apparemment, les fidèles parce qu'il ne veut pas tremper ses mains dans le sang souillé des vassaux infidèles?

La complexité de ce Dieu Suprême va s'accroissant et on a affaire à un Dieu partial qui choisit ses élus selon son gré. Les croyants l'attendent des jours et des jours, des années et des années en vain, sans savoir qu'il attend le moment de leur lassitude pour survenir à l'improviste:

> Eh bien, nous l'attendons, chaque jour et chaque heure, nous l'attendons. Mais nous nous lassons aussi de l'attendre. Et c'est quand nous sommes le plus las qu'il survient. Ou nous l'appelons—à chaque seconde nous l'appelons; mais, malgré nous, nous ne l'appelons pas toujours; nous oublions de l'appeler, nous sommes distraits, l'espace d'un quart de seconde—et soudain il apparaît, il chosit ce quart de seconde pour apparaître. Ou même nous l'attendons et nous l'appelons constamment, notre vigilance n'est jamais en défaut, mais sa venue ne nous surprend pas moins en plein désarroi; car elle est telle qu'elle nous précipite immanquablement dans le désarroi" (RR; p. 187).

Diallo, le forgeron, explique que c'est le destin de l'homme de frémir, tel un roseau devant la magnificence de Dieu: "*Quand bien même nous serions irréprochables—et le roi sait si nous le sommes peu—sa venue nous ferait tout de même trembler*" (RR; p. 187). Au Dernier Jour du Jugement, le salut de l'être humain dépendrait de Dieu et de sa grâce. La distance entre ce Dieu et le peuple rend celui-là doublement indispensable. Plusieurs mythes cosmogoniques de l'Afrique nous disent qu'au début, le Ciel et la Terre étaient des voisins. Le Ciel a été obligé de se retirer parce que les femmes le frappaient constamment à la tête avec leur pilon tandis qu'elles pilaient le blé. C'est pour cette raison, apparemment, que Clarence, aussi bien que tout être humain des quatre coins du monde, passent toute l'existence à attendre le roi, voire le Dieu Suprême.

Quelle est donc l'essence de Dieu? C'est l'autorité royale, le début même de la vie de son peuple. Tout gravite autour de lui. C'est le centre pivot de l'existence humaine, une sorte de carrefour qui domine et effraie le peuple. La lumière qui émane de son corps nous rappelle son caractère incandescent dont parle Diallo lorsqu'il le compare à la flamme de sa forge. Dieu transforme tous les pécheurs qui se repentissent et s'approchent de lui. Il est admirablement patient pendant qu'il attend la perfection du néophyte. Loin d'être repoussé par cette attitude orgueilleuse et condescendente, l'homme passe tout son temps, nous l'avons déjà dit, à chercher les moyens de lui plaire pour mériter sa grâce.

Selon Diallo, indiquant la hâche qu'il voit comme le symbole de toutes ses expériences humaines:

> Mais que voulez-vous que le roi en fasse? ...
> Il l'acceptera et ne l'admirera que pour me faire
> plaisir. En fait, quel plaisir y prendrait-il?
> Il aura toujours des haches infiniment plus
> belles et plus meurtrières que toutes celles que
> je pourrais forger ... Pourtant je la forge ...
> (RR; p. 188)

C'est de l'angle de cette intention continue que l'Homme nous intéresse. L'homme se rend contemporain de Dieu en s'acharnant sur l'oeuvre créatrice. Condamné à travailler tout le long de son existence, il se montre supérieur à son destin qu'il peut modifier par la détermination. Puis, il domine aussi la matière qu'il travaille. Vivre est déjà la victoire sur la condition humaine, comme l'ont bien démontré Diallo et le mythe de Sisyphe.

Réalité et Destin

L'auteur ne cherche pas à évoquer la réalité en général comme un problème à résoudre. Il veut, avant tout, la faire voir sous la lumière, la rendre explicite quand elle est implicite et ainsi nous rappeler ce qui existe sous nos yeux. Enfin, on voit la réalité comme le mystère de l'existence qu'on doit continuer d'explorer et de pénétrer par une attitude philosophique d'admiration et d'émerveillement. Au niveau primitif de l'existence, la réalité doit s'adapter à l'individu selon le Temps et l'Espace culturels. Cette affirmation explique la futilité de la question posée par Clarence, à plusieurs reprises, pour savoir la date et l'heure de l'avènement du roi. Voilà encore l'explication de cette conversation à bâtons rompus entre Clarence, homme sorti de la civilisation occidentale, qui se base sur la raison et la logique, et Le Mendiant, homme primitif sorti de l'Afrique traditionnelle, qui se base sur la spiritualité:

> Le roi va-t-il bientôt venir? demanda Clarence.
> – Il sera là à l'heure fixée, dit le noir.
> – A quelle heure? dit Clarence.
> – Je vous l'ai dit: à l'heure fixée.
> – J'avais compris. Mais quelle est cette heure?
> – Le roi le sait! dit le noir. (RR; p. 13).

En outre, le destin de l'homme semble dépendre de son sort. Pourtant l'homme s'inquiète parce qu'il ne connaît pas l'avenir.

La vue matérialiste du destin confie le sort de l'être humain à l'histoire et à l'hérédité. Tout est en dehors de sa volonté. Tout dépend de la *"chance"*. Le sort lui advient comme par hasard. Voilà l'histoire de Clarence à Adramé. La côte de ce pays africain présente d'innombrables obstacles qui empêchent son débarquement. Pourtant, il ne peut pas demeurer dans le bateau au large. Pendant longtemps, et à plusieurs reprises, il regrette son destin figé entre deux pôles doublement désagréables. Il ne peut pas comprendre pourquoi il avait voulu débarquer malgré l'hostilité des côtes ce jour-là à Adramé.

Or, une vue astrobiologique le disculperait, car on ne lui a pas confié la liberté de pensée et d'action. Les fatalistes des astrologues diraient que Dieu est coupable, en tant qu'architecte du sort humain. C'est ainsi que malgré lui, Clarence joue aux cartes et perd tout son argent. Ses malheurs s'accroissent. Il sera chassé de son habitat et rabaissé au rang d'animal quand il est dépouillé de ses habits jusqu'à son caleçon. Finalement, il sera vendu en échange contre un âne et une femme. Les non-fatalistes des astrologues, eux, seraient plus conciliants à sa dignité d'homme. Ils lui accorderait le pouvoir de prendre sa propre décision, les forces métaphysiques aidant. Dans ce sens, Clarence a fait le *"choix"* de débarquer à Adramé au lieu de rester dans le bateau, toute *"demeure transitoire"* qu'il soit, tout difficile qu'il soit de choisir entre deux termes également impossibles.

La troisième vue du destin est de l'angle de la métaphysique. On tient que le destin est indissociable du concept de Karma, la loi de compensation qui accorde, tout de même, la liberté de pensée et action à l'homme. Même la *"préférence"* entre deux options déjà déterminées et *"également désagréables"* (RR; p. 115), est déjà un choix. Il semble que le choix existe pour l'homme qui croit au pouvoir de la Divinité et de Karma d'équilibrer les affaires humaines. Seulement, on doit mériter son sort par les actes justes. Selon le père du héros, à propos de son choix par l'au-delà comme le leader de son lignage:

> J'étais, moi, dans cette ligne de conduite qui détermine notre génie à nous visiter; [...] toujours est-il que si tu veux que le génie de notre race te visite un jour, si tu veux en hériter à ton tour, il faudra que tu adoptes ce même comportement; il faudra désormais que tu me fréquentes davantage (EN; p. 20).

A un autre moment, Le Mendiant dit au héros:

> M'avez-vous jamais vu rien obtenir sans quémander? Chaque homme reçoit selon ses mérites (RR; p. 93).

Ainsi on peut conclure que l'homme trace le chemin de son destin et que Dieu le lui accorde parce qu'il se montre capable de suivre cette voie jusqu'au bout.

Le terme de *"mérite"* semble être donc synonyme du terme *"faveur"* que l'on obtient parce qu'on s'est disposé à merveille à la recevoir. Le Mendiant, au début, s'attaque au héros. Puis, au fur et à mesure de leur association il se montre plus complaisant à son égard à cause de son sort. Il s'offre même de quémander en sa faveur auprès du roi un emploi quelconque. Le Mendiant juge qu'il ne mérite pas le simple emploi héréditaire de timbalier parce qu'il n'appartient pas à la caste noble des timbaliers. Le Mendiant explique: *"... certes, vous auriez battu du tambour, seulement ce n'est pas ce qui compte: vos battements n'auraient aucun sens"* (RR; p. 38).

Les termes de *"mérite"* et de *"faveur"* ont le sémantisme de *"chance"* lorsque ce dernier dénote un événement qui vient à la suite d'un autre,

sans nécessairement en être la cause. En ce moment, l'homme doit se
hasarder, et par chance il pourrait influencer et modifier son destin.[3]
Regrettant éternellement de n'avoir pas décidé, au moment propice, de
ne pas débarquer à Adramé, le héros se rend compte finalement, par une
prise de conscience, que son destin n'aurait pas pu être autrement. Il
avait agi librement, certes, mais c'était dans un jeu de chance et de hasard
avec le destin. Il n'avait ni le *"droit "* ni le *"luxe "* ni les *"moyens "* de se
tirer de l'abîme:

> ... il s'aperçoit subitement que cette chance à
> laquelle il n'avait cessé de penser n'était en fait
> rien de plus qu'une faveur; on l'obtenait ou on
> ne l'obtenait pas, on la gardait ou on la perdait;
> et il n'y avait pas plus de raison pour la perdre
> que pour la garder (RR; p. 44).

Il faut toujours saisir sa chance, car c'est la seule voie de réaliser son
destin. Lorsque la chance est en faveur de celui qui la reçoit, on peut
parler de la *"bonne chance."* Au contraire, la chance est mauvaise si les
choses prennent le sens inverse.

La durée est centrale dans le déroulement du destin. L'homme fait
ses choix par rapport à ses expériences passées: *"Abolir tout le passé [...]
reviendrait à sacrifier son être,"* nous dit la sage sexagénaire, Aline (DS; p.
103). Agir, c'est s'échapper de la prison du destin. Dans l'enfance,
l'homme a plusieurs choix qui diminuent à l'âge mûr et deviennent nuls
à la vieillesse. Voilà la signification profonde du destin du roi Oedipe,
qui se répète chez le héros layéen. A la fin de son parcours initiatique, il
n'avait qu'un seul choix: s'approcher du roi tel qu'il était. Il n'y avait
aucune autre explication à donner de son acceptation sans condition par
le roi.

Le mythe converge à la physique si l'on compare le déroulement du
destin individuel, au fur et à mesure de l'existence, au mouvement de
certains atomes dont le comportement est absolument impossible à
prédire. L'Uranium 235, nous dit Charles Dickinson, est un fameux
élément à cause de son instabilité. Bien que la vitesse de sa
décomposition soit assez documentée, on ne peut toujours pas prédire le
temps de cette décomposition. Pire, on ne peut pas contraindre

l'Uranium 235 à se décomposer. Ainsi, il n'y a pas, apparemment, de cause pour la décomposition qu'on observe finalement. On sait simplement qu'une chaîne d'événements en est la cause.[4] Il en est ainsi pour le destin de l'homme. Il paraît qu' au niveau des symboles et des images la science ne peut pas nous renseigner sur ce qui se passe. L'homme doit se fier à la foi et à la grâce de la Divinité.

Politique

En ce qui concerne la politique, Camara Laye nous ramène au monde des expériences concrètes et vécues. Il semble favoriser la fraternité universelle qui ne met les méfaits de quelques individus profiteurs ni au compte d'un gouvernement, ni à celui d'une race. Selon Aline: *"on ne connaît jamais parfaitement un homme, a fortiori une race [...] l'ennemi n'est pas une race, n'est pas le blanc, mais une bande de profiteurs"* (DS; p. 107). Dans la marche humaine vers l'ineffable les intellectuels, qui sont ce qu'ils sont par rapport au peuple et par la sanction du peuple, doivent être engagés pour protéger le peuple. C'est dans ce sens que l'image du Lion Noir rappelle l'image du Lion de Judah.

En ce qui concerne le système de gouvernement, il semble que la démocratie est préférable à la dictature, parce qu'elle accorde une place importante à la collectivité. On fait l'éloge de la démocratie en disant qu':

> Il faudra surtout, pour bâtir une société viable,
> plus d'actions concrètes et honnêtes, moins de
> discours, plus de respect de l'opinion d'autrui,
> plus d'amour fraternel (DS; p. 185).

La philosophie d'existence quant à Laye, exige de l'homme le jugement sur les conséquences de ses actes, que ces actes soient envers lui-même ou envers autrui. Cela revient à une obsession qui va au-delà de la religion pour rejoindre la métaphysique. L'homme veut connaître la vérité et la réalité afin de diriger ses actes vers des fins honorables. C'est, finalement, la vision éthique de l'homme qui a des prolongements moraux.

NOTES DU CINQUIÈME CHAPITRE

[1]Nicolas Berdyaev, *The Destiny of Man*, New York, Charles Scribner's Sons, 1937, p. 21.

[2]René Guénon, *La Crise du Monde Moderne*, Paris, Gallimard, 1946, p. 63.

[3]Peter Dickinson, *Chance, Luck and Destiny*, pp. 27-42.

[4]Ibidem, p. 208.

SIXIÈME CHAPITRE

⊠ ETHIQUE ET DESTIN ⊠

L'homme se préoccupe des problèmes concrets de l'éthique, car quelques attitudes de l'homme attirent le bien ou le mal au destin de l'être.

Perversion

On reconnaît que l'homme devient un démon à son semblable lorsqu'il aime le bien, rien que le bien et veut, coûte que coûte, le saisir sans aucune considération pour son voisin. Il devient alors malveillant, dur et impitoyable envers quiconque qu'il voit comme un obstacle. Prenons l'exemple du Naba d'Aziana, qui commanda la bastonnade de son Maître des cérémonies, pour avoir dévoilé au héros, Clarence, le vrai sens du *"menu service"* avec lequel il payait son hospitalité. Le Naba impotent voulait à tout prix la procréation dans son harem. En dévoilant à Clarence sa vraie situation, Le Maître des cérémonies allait entraver cette mission. Cela explique la colère du Naba. Il réagit avec cruauté à l'égard du Maître des cérémonies. Les notables se mêlent au jeu par leur complicité. L'insensible foule accourt pour assister à la *"fête"* et au *"spectacle"* de la flagellation. Elle crache avec joie sur les fesses de la victime. Vite, le peuple se tourne en consolateurs de Job et cherche à justifier les souffrances du Maître comme justes rétributions de ses péchés. C'est dans ce sens que Diallo, le forgeron, valorise la bastonnade comme une marche en avant vers la spiritualité. Du point de vue humain, le héros n'y voit que la cruauté. Il s'interpose pour faire arrêter la bastonnade. Il manifeste la compassion envers son semblable pour lui épargner la souffrance humiliante et écrasante, et ainsi l'aider à se régénérer et à se purifier.

Pharisaïsme

Ce qui est épouvantable, c'est qu'après avoir souffert, l'être humain exhibe, parfois, une attitude impitoyable, à son tour, envers son voisin. Il est même tragique que Le Maître des cérémonies choisisse Clarence pour des tortures psychologiques. Le Maître des cérémonies se présente comme un *"sépulchre blanchi"*, qui se croit moral alors que le reste du monde est corrompu. Mais, comme le dit bien Diallo, dans l'existence, personne n'est bon: *"A peine sommes-nous nés, qu'il est déjà trop tard. Mais le roi ne l'ignore pas, et c'est pourquoi aussi il est toujours temps"* (RR; p. 245). C'est le sort de l'homme de pécher depuis la chute d'Adam et d'Eve. Mais, le Dieu pondéré lui accordera toujours la grâce quand il la mérite. Vu l'abjection de Clarence, suivant la révélation de ses péchés, on sait qu'il va toujours lutter pour la moralité. Or, l'attitude inverse, celle d'être tolérant et trop magnanime à l'égard du péché conduirait la société vers la démoralisation et la décadence.

Il est encore tragique d'observer que le mal entraîne une attitude mauvaise réciproque, même chez un être qui est ordinairement bon. Clarence paie Le Maître des cérémonies de sa propre monnaie, car il le haït. Le mal va s'accroissant et Le Maître des cérémonies, le roi arrivé, fait de son mieux pour empêcher Clarence de s'approcher du roi. Il a recours au mensonge et lui dit: *"Le naba vous fait dire de ne bouger de votre case, aujourd'hui, sous aucun prétexte"* (RR; p. 230). A vrai dire, le message du Naba avait été de dire à Clarence de ne pas marcher sur le tapis rouge pour ne pas le salir. Il considérait Clarence, lui aussi, comme un pécheur indigne de la grâce divine. Où gît alors la vraie moralité?

Vérité et Fausseté

Nous soulevons deux genres de moralité qui s'avèrent utilitaires, qui sont inspirés du souci d'aimer autrui, de lui plaire afin d'atteindre le salut et la félicité du paradis. Dans le premier, tous nos actes ont leurs aspects spirituels. C'est la vision de l'immanence que favorise Diallo. Le second genre de moralité traite de la transcendance. On voit un hiatus entre les moyens d'avancer vers la spiritualité et le but voulu. Cette attitude se voit chez le Naba sadiste et Le Maître des cérémonies masochiste, deux hommes qui se croient plus religieux qu'ils ne le sont.

On risque de transformer les moyens au but à cause de la gourmandise et de la compétition. Donc, il faut surtout être vrai à soi-même, et franc avec Dieu. Voilà la vertu fondamentale et ontologique qui mène au salut. C'est elle que favorise le héros layéen. On doit discriminer entre les réalités morales parmi lesquelles on doit vivre et le monde fictionnel de la fausseté et de l'hypocrisie. Le héros layéen cherche à être vrai lorsqu'il continue ses orgies avec les femmes du harem du Naba: *"Les femmes qui venaient à la nuit ne se dissimulaient même plus ... Et ainsi tout était plus franc ..."* (RR; p. 209). Clarence féconde plusieurs de ces femmes et le monde d'Aziana se multiplie.

Mais la question morale à poser est celle-ci: comment partager à plein le fardeau de l'existence par amour sans faire partie, en même temps, de la fausseté partout apparente dans la société? Cette question problématique ne touche pas seulement les matières métaphysiques et religieuses, mais aussi la politique, la justice et la famille. On découvre que ses attitudes sont conditionnées par les unités sociales auxquelles on appartient. Elles influencent nos jugements moraux et notre conscience est polluée par l'instinct d'auto-conservation. Dans la société, nous masquons nos propres sentiments. À leurs places, nous installons de fausses émotions, par souci de garder le système qui nous nourrit. C'est le cas des membres du parti unique, le R.D.A., à Kouroussa, qui disent des mensonges au cours des discours pour faire survivre le Parti. Ils suppriment la réalité et la vérité avec le mensonge, l'escroquerie et le meurtre.

L'arme législative du gouvernement ne diffère guère de l'arme administrative corrompue. Le juge du Palais de Justice à Adramé a recours à toutes sortes de moyens pour convaincre Clarence. Il convertit le témoin, Le Mendiant, en témoin-à-charge. Il manipule le langage par la misinterprétation. Les gardes, dit-il, sont assermentés et il ne leur est pas permis de mentir en présence du juge, bien qu'ils puissent être les menteurs les plus fieffés en dehors du service. Dans la société des hommes, l'homme fait tout pour maintenir le système qu'il a établi. Mais comment réconcilier les moyens au but?

La famille est aussi une cellule hypocrite de la société. Sans renier la présence de l'amour franc dans bien des familles, on observe souvent l'infidélité dans le mariage. C'est le cas de l'Imam Moussa et sa femme, Habibatou. Plus tard la trahison se répète dans la famille de l'Imam et sa nouvelle épouse. Les épouses et les époux se trahissent mutuellement. Une fois, c'est Habibatou qui trahit l'Imam auprès de son berger nain. A l'autre occasion, c'est l'Imam lui-même, le messager d'Allah, Mercure moderne, qui trahit sa nouvelle femme auprès de la reine, son hôtesse. Il semble donc que l'instinct de l'être humain est de pécher, surtout dans la réalité de la famille. La fidélité ne semble pas naturelle dans le mariage, sauf quand l'amour est présent:

> Je crois qu'il faut savoir se faire aimer de sa femme, la flatter, entretenir dans le ménage une confiance réciproque. Lorsque la femme aime, elle devient un ange et reste fidèle. Lorsqu'elle n'aime pas, elle se transforme en un démon capable de tout. Ainsi donc, en chaque femme sur la terre, il y a un ange et un démon (DS; pp. 137-138).

L'amour est le remède de la fausseté dans les relations familiales. C'est l'amour seul qui peut amener la régénération spirituelle.

Luxure sexuelle et amour

La luxure sexuelle, nourrie par la passion fictionnelle, diffère de l'amour. Elle crée un monde illusoire et fantasmagorique qui n'a rien à voir avec la réalité. L'être qui en est victime est condamné infiniment au malheur du désir insatiable. Sa sexualité est une transe. Il fait l'amour pour fuir le présent, la peur, l'isolement, la solitude et l'aliénation.

Dans le cas du héros layéen, l'orgie sexuelle est poussée et soutenue par les gerbes des fleurs aphrodisiaques. À son reveil, il s'énivre du vin de palme, pour l'effet sédatif transitoire et périodique. Le long de la journée, nous l'avons déjà vu, son corps et son âme sont comme emprisonnés par une passion intense et violente. Suivant cet état d'existence, on constate la violation de la relation ontologique normale entre la conscience et l'inconscient. Toujours lourd et ivre de sommeil, il se trouve incapable de penser. Selon le narrateur: *"il s'aperçut alors qu'il lui était impossible de réunir deux idées, [...] les idées ne parvenaient à se rejoindre"* (RR; p. 133). Le mauvais inconscient s'écarte de la conscience, si bien que le héros ne sait pas, pendant longtemps, s'il fait l'amour avec sa femme, Akissi, ou avec une autre femme ou d'autres femmes. A la révélation de sa luxure, il est bouleversé par la culpabilité et l'abjection, tels Adam et Eve lors de leur conscience de la honte et de la peur dans le jardin d'Eden.

A la place de la luxure sexuelle donc, Laye substituerait l'amour parmi tant d'autres remèdes—ascétisme, oeuvre créatrice et travail obsessionnel—comme la panacée du problème de l'existence. Cette solution dépasse sûrement l'acquisition des résultats transitoires, la fausse unité et la conformité entre les hommes dans la société. Cela revient à la fusion interpersonnelle d'un homme avec son voisin par amour. Il ne s'agit ni de masochisme ni de sadisme qu'on a déjà remarqués chez Le Maître des cérémonies et le Naba d'Aziana. L'un s'unit par *amour symbiotique* de domination, d'humiliation et d'exploitation à l'autre qui, lui, se soumet par une attitude masochiste au maître. Au contraire, on doit avoir le souci de préserver l'individualité et l'amour-propre d'autrui. C'est l'amour simple et honnête qui est aussi dénué de la passion et du désir. Le concept de cet amour est présenté d'une manière simpliste dans cette conversation entre le héros et son amie d'enfance, Fanta, lors d'une aventure malheureuse entre le héros et les grands élèves de l'école primaire qu'ils fréquentaient. Notons bien l'attention, la responsabilité, le respect et la connaissance qui accompagnent l'amour:

> Je n'aime pas que tu t'assoies près de moi quand je pleure, dis-je.
> – Tu pleurais? dit-elle. Je n'ai pas vu que tu pleurais. Je la regardais un moment. Elle mentait. Pourquoi mentait-elle? Mais visible-

>ment elle ne mentait que pour épargner mon
>amour-propre, et je lui souris.
>
>– Veux-tu encore une galette? dit-elle.
>
>– Non, dis-je. Je ne pourrais pas en manger une
>seconde: j'ai le coeur noir de colère. Toi pas?
>
>– Moi aussi, dit-elle. Elle eut subitement des
>larmes dans les yeux.
>
>– Oh! Je les hais! dis-je. Tu ne peux pas savoir
>comme je les hais! Ecoute. Je vais quitter cette
>école. Je vais me hâter de grandir, et puis je
>reviendrai et je rendrai cent coups pour un que
>j'ai reçu!
>
>– Oui, dit-elle. Cent coups pour un! Et elle cessa
>de pleurer; elle me regardait avec admiration
>(EN; p. 96).

Sans tenir compte de l'élément de vengeance qui n'est qu'enfantin,
nous observons que *d'amour de fusion* ci-dessus a tous les éléments de
l'amour fraternel, dans le sens le plus large du terme. Il y est de la
compassion et de la pitié pour autrui qu'on voit comme une partie de soi-
même. C'est finalement l'amour de Dieu, qui est la vérité et la justice, les
principes même de l'unicité. C'est enfin le sentiment de compassion que
Clarence manifeste envers Le Maître des cérémonies en faisant arrêter sa
bastonnade.

L'amour fondamental se distancie de la philosophie aristotélienne qui
se base sur les lois d'identité et de contradiction. Selon le philosophe,
c'est impossible pour A d'être A et non-A en même temps. Or, l'amour
fondamental est l'union des contraires, la logique paradoxale et
héraclitéenne selon laquelle, *"on ne se baigne pas deux fois dans le même
fleuve."* C'est bien la vision de Dieu qui ressemble fort aux principes du
Taoisme et à la philosophie brahmanienne dont le dualisme, la rélation
entre les phénomènes disparates et leur unité (Brahma), traduit l'ultime
réalité de l'univers au-delà du sensuel et du conceptuel.[1] La culture
africaine reconnaît aussi la dualité de l'esprit et du corps, tout en tenant
que l'un est indispensable à l'autre. L'âme est durable et permanente,
alors que le corps est sujet à la croissance et au changement. On ne doit
donc pas diminuer l'importance ou la valeur de l'esprit à cause des

méfaits du corps. Beaucoup de critiques de Camara Laye ont reconnu l'acceptation par cet auteur africain de la nature humaine sans rien questionner. Dans le mysticisme africain, la chair est un support pour le spirituel. Le sensuel et le spirituel jouissent d'une unicité. Telle est aussi l'opinion de Senghor pour qui être africain vaut dire ne pas permettre à la chair d'être un obstacle aux projets d'un homme. Au niveau humain, l'homme continue sa vie d'homme, sans relâche, en attendant son salut.

Il faut la tolérance et l'acte juste envers autrui. C'est surtout les voir comme des individus comme soi-même, leur accorder la charité et l'amour. Il faut remplacer le principe de cruauté dans la punition par celui de la pitié et de la compassion, semble nous dire le héros layéen. C'est ainsi qu'on peut espérer atteindre l'âme du monde en dépit des races et des cultures différentes.

Conscience et liberté de pensée et d'action

La conscience est un organe de perception de la bonté, de la vérité et de la religion dont le centre est ontologique plutôt que psychologique. Avoir conscience, c'est penser à Dieu et à ses avertissements dans l'état d'abjection de l'être. Le héros layéen juge à première main sa vie et son comportement lorsqu'il subit une prise de conscience au moment critique de son initiation. Il trouve que l'intention l'emporte sur les manifestations peu louables de sa destinée. Le côté enfoui des choses est plus valable que le côté visible. La pensée sur un acte a plus de poids par rapport à l'acte lui-même. Voilà pourquoi les Africains mettent beaucoup plus de valeur sur l'homme caché que sur l'homme qui se révèle à tout venant. L'homme caché et profond devient le contemporain de Dieu. Il possède une nouvelle vision de lui-même. A la fin de son itinéraire spirituel, Clarence ne peut pas abolir son passé de débauche, certes, mais il reconnaît, en même temps, qu'en tant qu'être fait à l'image de Dieu, il peut dépasser la condition humaine et retrouver le salut:

> Pourtant ... Pourtant j'étais de bonne volonté,
> [...] Il n'est pas vrai que j'aie manqué de bonne
> volonté ... J'étais faible, personne n'a été plus
> faible que moi; et la nuit, j'étais comme une bête
> ... Pourtant je n'aimais pas ma faiblesse, je

n'aimais pas la bête qui était en moi; j'aurais voulu rejeter cette faiblesse, et j'aurais voulu n'être pas cette bête ... Non, il n'est pas vrai que j'aie manqué de bonne volonté (RR; p. 251).

Ce sentiment de remords qui mène plus tard au repentir témoigne de la convergence de la liberté de l'être d'avec la grâce divine: "*Et ses larmes jaillirent,*" nous dit le narrateur au moment du repentir. Le héros éprouve une angoisse et une horreur à voir la disharmonie entre sa vie dans le présent et les souvenirs du paradis perdu du début. A vrai dire, il ignorait le fait que les jouissances érotiques chez l'être en voie du salut dénote un homme qui a dépassé le niveau inférieur de la spiritualité. Il fait du progrès vers le mariage avec l'au-delà. Ses orgies sexuelles avec les femmes du Naba se valorisent de cet angle de vision. D'une certaine façon, cela ressemble à se déchirer le corps avec les larmes. C'est l'ultime répentir.

Pour le pécheur qui repentit, Dieu n'a qu'à lui accorder la grâce. Le roi "*cueille*" Clarence et l'enveloppe dans ses bras et dans son coeur pour toujours. L'image est réminiscente de l'avertissement de Jésus Christ d'aimer ses ennemis parce que les pécheurs qui repentent entreront dans le paradis du royaume de Dieu avant les autres.[2] Point n'est besoin d'avoir peur de la Divinité. Cela explique cette leçon morale du père du héros: "*Quand on a parlé pour Dieu, agit pour Dieu, et vécu seul dans la brousse pour Dieu, comme moi, dans la contemplation, tout cela pour Dieu, Dieu alors vous écoute quand vous lui parlez*" (DS; p. 244). Le héros explique ainsi l'efficacité de la prière, lors de son incarcération à Kouroussa par le géant: "*Je priais avec tant de force et tant de conviction qu'il me sémblait que Dieu en personne venait habiter mon âme, Il me semblait même que je m'étais évanoui en Dieu et que je n'existais plus. Maintenant, seule sa présence illuminait mon âme et ma geôle*" (DS; pp. 215-216).

Peur, Angoisse, Terreur et Théocentrisme

La peur est l'apanage de l'être déchu, qui est toujours au niveau bas de l'existence. Il voit le danger partout. La peur est une émotion qu'on doit supprimer pour pouvoir progresser spirituellement. Pendant le rite

de passage de puberté, dit aussi la cérémonie des lions, le père du héros
lui conseille en ces termes:

> Rappelle-toi: tu dois mater ta peur, te mater toi-
> même! Konden Diara ne t'enlèvera pas; il rugit;
> il se contente de rugir (EN; p. 105).

Puis, une seconde après, le père ajoute:

> Même si tu avais peur, ne le montre pas (EN;
> p. 105).

Avoir peur, c'est accepter la défaite sans lutter. C'est être lâche. Au
contraire, être brave, c'est s'enorgueillir. Du point de vue de la culture
africaine, la mère d'un jeune homme qui a été brave avait la dernière joie
d'entendre dire ceci: *"Vraiment votre fils a été très brave!"* (EN; p. 140).
Dans l'état de crainte, le néophyte oublie la hauteur spirituelle à laquelle
il vise par l'initiation. Cette émotion opportuniste risque de le rabaisser à
l'état primordial du péché originel, état engendré par la naissance et qui
subsiste parfois dans le subconscient. La peur est donc un facteur
déterminant dans les rites initiatiques. Trembler et frisonner, c'est imiter
l'humanité primitive devant le chaos des forces de la Nature. Or,
dominer cette émotion, c'est progresser spirituellement.

D'autre part, éprouver l'angoisse et la terreur dans l'existence
indique la conscience transitoire du gouffre qui sépare le monde du
péché du monde divin et céleste. On doit dépasser cette étape pour entrer
dans la spiritualité proprement dite. Quant aux moissonneurs du riz qui
sont toujours dans la Nature, la douceur et la paix dans leurs yeux
témoignent de leur compréhension du mystère de la vie et de la mort.
Bien qu'ils soient là à travailler, ils donnent l'impression d'être
simultanément ailleurs:

> Que regardaient à vrai dire ces yeux? Je ne sais
> pas. Les alentours? Peut-être! Peut-être les arbres
> au loin, le ciel très loin. Et peut-être non! Peut-
> être ces yeux ne regardaient-ils rien; peut-être
> était-ce de ne rien regarder de visible, qui les
> rendait si lointains et comme absents (EN; p. 63).

N'étant pas satisfaits d'eux-mêmes, ils visent l'origine transcendante de l'homme. C'est vers l'invisible, vers cette fin spirituelle qu'ils portent leurs regards.

Dans la recherche de la perfection spirituelle, l'amour-propre est toujours un obstacle. On cherche à éviter les peines des épreuves et parfois à être compensé par autrui. L'homme se fabrique un monde fantasmagorique qui est l'opposé de la réalité. Le sadomasochisme du Naba d'Aziana avec ses notables en est un bon exemple. Ils exigent la perfection dans l'existence. Cela revient à poursuivre des idées utopiques ici-bàs. Ils punissent Le Maître des cérémonies pour avoir dit la vérité, c'est-à-dire pour avoir dévoilé à Clarence le fait qu'il était la dupe du Naba et de tout le village.

Le monde financier est une autre fantasmagorie qui asservit l'esprit. Le capitalisme, qui en est la doctrine, transforme l'être humain en une bête qui ne réagit qu'au son de la monnaie. Le gérant de l'hôtel de la rue Lamartine en France, le créancier de notre héros, est un de ces hommes qui ont vendu leur âme au diable. Selon notre héros: *"Sitôt qu'il voyait de l'argent, il devenait prévenant et doux comme un agneau. Mais lorsque l'argent faisait défaut à l'un de ses clients, le gérant s'assombrissait et devenait insolent, ne répondait plus aux saluts"* (DS; p. 76). Le héros oppose la spiritualité africaine au matérialisme occidental en ces termes:

> L'envie me prit de lui répondre qu'un homme ne doit pas être évalué d'après son compte en banque ou sa rétribution mensuelle, qu'un être humain vaut plus que tous les comptes en banque de la terre (DS; p. 93) .

Il paraît donc que le progrès spirituel ne va pas de pair avec l'amour-propre, la peur, et le matérialisme.

A la place de ces fantasmagories, Laye substitue le théocentrisme, une vision éclairée et spirituelle du monde qui déplace l'attention du *"moi"* et la centre sur Dieu et sur les oeuvres créatrices et charitables. L'humilité et l'ascétisme sont des conditions *sine qua non* de ce mysticisme. Le héros nous dit ceci à propos de son père:

> Mon père donnait facilement et même avec
> prodigalité: quiconque se présentait partageait
> nos repas ... (EN; p. 13).

Puis, il dit encore:

> Mon père, lui, mangeait fort peu: il était d'une
> extrême sobriété (EN; p. 13).

Plus tard, c'est le forgeron lui-même qui s'explique à son fils en ces
termes:

> Tu vois bien toi-même que je ne suis pas plus
> capable qu'un autre, que je n'ai rien de plus que
> les autres, et même que j'ai moins que les autres
> puisque je donne tout, puisque je donnerais
> jusqu'à ma dernière chemise. Pourtant je suis
> plus connu que les autres, et mon nom est dans
> toutes les bouches, et c'est moi qui règne sur
> tous les forgerons des cinq cantons du cercle
> (EN; p. 19).

La science de ce mercure est céleste parce qu'il a contact direct avec l'au-
delà. Les faits terrestres ne l'attirent donc point. Au contraire, l'effort
personnel qu'il fait et le travail dur qu'il accomplit le distinguent de ses
concitoyens. L'homme s'organise et se transforme par ses actes.

C'est évident que l'être humain déchu peut se racheter par l'humilité,
l'honnêteté, la charité et l'oeuvre créatrice.

Labeur, Art et Oeuvre

Le labeur n'est pas le genre de travail qui peut aider l'homme à se
racheter. On méprise le labeur comme une peine qu'on doit subir pour
gagner du pain. L'image biblique d'Adam et d'Eve qui doivent suer
avant de manger est à l'origine de l'idée que l'homme travaille par
torture ou par malédiction. Cette image se répète chez Platon et chez
Aristote où l'homme, tel un esclave, se courbe presque à demi pour
travailler la terre, soit pour la survie, soit par obsession. D'après Michel
Guérin:

> Plus l'homme travaille dur, plus il se
> (re)naturalise; plus il s'épuise à modifier le
> visage de la nature et plus il lui ressemble,

> comme ces portraits de paysans qui renseignent
> parfaitement sur le climat, la qualité de la
> terre et les produits qu'on lui fait rendre. Parce
> qu'il doit travailler, l'homme est moins libre et
> moins heureux que l'animal, qui n'a pas besoin
> d'une intelligence expédiente, compensatrice
> d'instincts infirmes ou manquants[3]

L'économie moderne engendre la peur et l'anxiété chez l'homme. Elle
met à nu l'animalité de l'homme. Rien qu'à écouter le cordonnier layéen,
on se rend compte de la misère du travailleur dans le monde de
concurrence et d'argent de la technologie moderne:

> Non, il n'y a rien [...] Depuis que les Libanais
> ont apporté de la camelote dix fois moins chère
> que nos sacs en croco, nos clients ont disparu. Et
> nous, nous n'avons plus rien d'autre à faire que
> rapiécer de vieilles chaussures (DS; p. 159).

La dimension artistique du travail peut transformer le labeur en une
oeuvre rédemptrice de vérité et de vertu. Le travail artistique aide
l'homme à réitérer son individualité, son identité et sa réalité. S'agissant
de la sculpture, le héros médite ainsi sur la spiritualité qui en découle:

> Que pouvait bien chercher mon père en creusant
> et en taillant le bois? ... La réalité sans doute! ...
> Il cherchait à être vrai, aussi vrai qu'il est
> possible de l'être; il cherchait à être aussi près de
> la réalité qu'il est possible de l'être. Je voyais
> bien que son souci, son seul souci de la vérité, de
> la réalité, dans l'accomplissement de son
> ouvrage, n'était pas tempéré que par la
> recherche de la beauté idéale et, en conséquence,
> par l'établissement d'un type de beauté
> universel (DS; p. 164).

L'oeuvre d'art vide de spiritualité devient et demeure un simple
ornement. Les artistes primitifs transposent la réalité pour y retrouver la
paix primordiale: " ... *leur transposition les conduisait à une déformation qui,*
d'abord, accuse et accentue l'expression, la spiritualité, et qui, ensuite et par voie
de conséquence, commande d'autres déformations, purement plastiques celles-ci,
qui font équilibre à la première et l'accomplissent" (DS; p. 167).

Le travail artistique enrichit l'homme et le rend noble. C'est un intermédiaire entre le monde déchu et le monde de la spiritualité. Ce n'est pas la simple fabrication des outils qui compte, mais plutôt la capacité de faire quelque chose qui permettrait de construire d'autres outils, et ainsi de suite. Enfin, quel est le but de ce livre que nous écrivons? D'après Guérin:

> Du coup, l'homme cesse de se regarder comme un moindre animal; il s'appréhende comme un être scalaire. Il n'est plus incrusté dans la vaste argile où tout se moule un moment, il se lance à l'assaut du ciel, d'un ciel, à vrai dire qu'il sent en lui et qui n'est autre que sa perfectabilité.[4]

Le travail créateur fait durer le temps. Voilà, d'ailleurs, pourquoi Diallo ne se hâte pas de terminer son propre travail. Il continue de fabriquer des haches et des haches, chaque fois mieux que la dernière fois, en attendant le moment de sa perfection. L'oeuvre créatrice est donc une activité désintéressée de l'esprit bien que le travail la conditionne et l'abrite. L'oeuvre plonge l'être, dans le monde, donne à sa vie son caractère humain et à ses usages la tradition. Elle produit des choses plus durables que les simples créations artistiques. L'oeuvre enrichit la mémoire et instaure un entendement entre les générations vivantes et leurs ancêtres.[5]

Oeuvrer, c'est, avant tout, progresser dans la voie de son destin. C'est laisser des traces indélébiles dans le sable du temps. Diallo voit ainsi la bastonnade du Maître des cerémonies et l'idée du progrès spirituel qui en découle:

> Ce n'est qu'un demi mal, de recevoir des coups dont on peut exhiber la trace; mais les recevoir, les sentir au profond de sa chair, et sentir la peau qui vous cuit, sans qu'on puisse rien exhiber du tout, c'est vraiment souffrir pour des prunes ... (RR; pp. 190-191).

Il vaut mieux persister dans l'oeuvre pour en tirer des avantages spirituels, au lieu de l'abandonner prématurément. On note que pendant sa bastonnade, Le Maître des cérémonies fasait de son mieux pour ne pas montrer sa douleur, car son amour-propre dépendait de sa force de se dominer. On se rappelle, à ce point, le stoicisme des Africains pendant la cérémonie de scarification. Voilà un aspect de la morale africaine dont Clarence, un Européen, ne savait rien. Il prenait les Africains pour des barbares, voire des sauvages. L'eunuque, Baloum, Androgynat qui s'imisce dans les pensées intimes d'autrui, corrige aussitôt cette idée éronnée: "*Sommes nous des cannibales? [...] Non, la peau seulement va lui cuire. La peau et un peu plus que la peau, naturellement: un doigt ou deux de chair au-dessous de la peau*" (RR; p. 164). On y voit le mépris absolu du corps. L'homme déchu peut se racheter par la mortification du corps. Cela explique davantage la déception du peuple d'Aziana, du dignitaire qui donnait les cinquante coups, et du Maître des cérémonies , lui-même, lorsque Clarence fait arrêter la bastonnade. Selon la pensée européenne, il le fait au nom de la pitié, de la compassion et de la bravoure. Or pour les Africains, la compassion pour Le Maître des cérémonies, c'est l'assistance au fête de sa flagellation. C'est le "*baume*" qu'on crache sur les fesses gonflés en forme de salive et de vin de palme. Le fait qu'on compte le nombre de coups que Le Maître des cérémonies recevait en langue étrangère, souligne le caractère *sacré* de ce " *travail* ": "*Tan!* [...] *Mouan!*", disait le dignitaire. Puisqu'on a interrompu l'"*enseignement* " qu'on donnait au Maître des cérémonies, ce dernier n'a pas eu assez de temps d'avoir la conscience de l'humanité dans sa communauté. Il ignorait complètement ses aspirations et de ses peines. Voilà pourquoi au moment de l'avènement du roi, il restait aussi mauvais que jamais. Il faisait de son mieux pour empêcher Clarence de s'approcher du roi. Or Clarence ne comprenait pas ce comportement parce qu'il n'était pas averti.

Il semble que l'essence de l'oeuvre soit la nécessité voulue. Du point de vue spirituel, le destin, le salut et la grâce dépendent de l'oeuvre, qui peut ainsi servir à une doctrine de réincarnation et de prédestination. Vivre c'est déjà oeuvrer. Ainsi l'oeuvre individuelle est aussi importante que l'oeuvre collective. Peu importe la nature de cette oeuvre: "*Rien ne rime à rien, [...] mais tout dépend de l'esprit dans lequel on l'accomplit*" (RR; p. 237). Même quand la qualité lui manque, "*la quantité, alors suppléera*

peut-être à la qualité" (RR; p. 227), nous conseille Diallo,   *"la quantité*
suppléera à la diversité, " (RR; p.214), renchérit Clarence.

NOTES DU SIXIÈME CHAPITRE

[1]Erich Fromm, *The Art of Loving*, New York, Harper and Row (1964),
  Perennial Library Edition (1974), p. 64.

[2]La Sainte Bible, Luc 23:40-43.

[3]Michel Guérin, *Qu'est-ce qu'une oeuvre?* p. 12.

[4]Ibidem, p. 12.

[5]Ibidem, pp. 12-20.

SEPTIÈME CHAPITRE

⊞ ETHIQUE ESCHATOLOGIQUE ⊞

On ne peut pas parler de la philosophie et de l'éthique sans se préoccuper des faits du Dernier Jour: la mort, l'immortalité, l'enfer et le paradis.

Mort et Immortalité

La mort en tant que fin de la vie implique l'absence de l'éternité dans le Temps. Quant à la *"mort"* que le héros rencontre sous l'énorme cailcédra, lors de son rite de passage à Kouroussa, il dit: *"Je m'emparais du dormeur pour le mettre debout; mais le corps raide, d'une raideur cadavérique, lourd comme du plomb, faillit me faire tomber à l'inverse. Je comprenais alors que c'était un cadavre..."* (DS; p. 224). La mort fait voir la paix, l'inertie, le calme, l'inactivité et la torpeur du corps qui dort éternellement. L'immortalité est ainsi exclue puisqu'il se définit par l'état de l'être éveillé. Or la vie se définit, elle-même, par la mort comme la lutte continuelle contre la mort. La vie est le mouvement, l'exercice, l'activité, la vitalité, le zèle d'agir et de conquérir. C'est le principe fondamental de l'existence par lequel l'être essaie de modifier son destin. Lorsque le héros réussit à réintégrer ses deux moi intimes divisés, on assiste à une revitalisation du corps: *"Je décidais de le prendre sur mon épaule, pour l'emporter. Mais le cadavre se réveillait, se levait, puis comme en un éclair disparaissait ..."* (DS; p. 224).

Vivre c'est mourir journellement et partiellement dans son corps et dans son esprit. Voyager, c'est aussi mourir partiellement. L'homme s'exile des siens dans le Temps et dans l'Espace. Voilà pourquoi on doit prendre des précautions avant de voyager. Quand on voyage, on introduit des matériaux étranges dans le déroulement du destin. Le voyageur quitte les siens pour devenir un être nouveau, ayant de nouvelles expériences, et de nouvelles manières de regarder le monde. Voilà la leçon que la mère du héros connaissait à merveille. Elle s'acharnait à consulter les marabouts, lors du départ de son fils pour Conakry, et plus tard pour la France. Le forgeron, de sa part, est un homme sage de la spiritualité et la religion africaines. Il s'enduissait le corps avec l'eau magique avant d'entreprendre chaque itinéraire spirituel. Par ce voyage initiatique, qui est le côté ésotérique du travail de l'or, il fait un effort pour réintégrer le passé et ainsi devenir le contemporain de Dieu.

On comprend donc que la seule voie de perfectionnement est vers la mort et au-delà de la mort. Seuls les profanes en matières spirituelles peuvent donner des valeurs négatives à la mort qu'ils croient terrible et malfaisante. Ils pensent que la mort réduit l'existence au néant. Voilà, d'ailleurs, la réaction de notre héros, à la mort de son ami intime d'enfance, Check. Etant toujours enfant et pas encore illuminé, il ne comprenait pas ce mystère de la mort. Mais en homme grandi et averti, il déclare volontiers au moment de l'illumination:

> Quand je songe aujourd'hui à ces jours lointains,
> je ne sais plus très bien ce qui m'effrayait tant,
> mais c'est sans doute que je ne pense plus à la
> mort comme j'y pensais alors: je pense plus
> simplement. Je songe à ces jours, et très
> simplement je pense que Check nous a précédés
> sur le chemin de Dieu, et que nous prenons tous
> un jour ce chemin qui n'est pas plus effrayant
> que l'autre, qui certainement est moins effrayant
> que l'autre ... L'autre, oui: le chemin de la vie,
> celui que nous abordons en naissant, et qui n'est
> jamais que le chemin momentané de notre exil
> ... (EN; pp. 208-209).

Ainsi la mort n'est pas finale bien qu'elle soit la fin de la vie.

En tant que mystère de la vie, la mort prépare l'être pour la résurrection et l'éternité. Voilà l'impression que donne la soi-disante mort du héros dans le coeur du roi, à Aziana. L'amour du roi qui le dévore est déjà la lutte contre la mort, car tout s'accomplit selon le grand dessin divin:

> Où était-ce son dénuement même? ... 'Ton dénuement même!' semblait dire le regard. Ce vide effrayant qui est en toi et qui s'ouvre à moi; ta faim qui répond à ma faim; ton abjection même qui n'existait pas sans ma permission, et la honte que tu en as ... (RR; p. 252).

La relation entre l'Homme et Dieu se voit donc comme un mariage , une fusion des partenaires égaux qui s'entendent mutuellement. C'est une entente complète l'un de l'autre. C'est une compréhension qui défend la peur de la part de l'homme et la sanction de la part de Dieu.

Se rebeller contre la mort c'est donc rejeter Dieu. Or, l'accepter c'est avancer vers l'union mystique avec la Divinité. La mort purifie et rend beau le passé car les péchés s'y dissolvent. Enfin, c'est l'occasion de réintégrer l'état d'immortalité perdu avec la chute d'Adam.

La métaphysique de l'immortalité appréhende le monde comme une grande illusion. La vraie vie est au-delà de la mort qui libère l'âme immortelle de la matière corporelle. Ainsi l'homme peut se réincarner puisque son destin se prolonge au-delà de la vie et de la mort. A la mort, les principes spirituels de chaque être humain retournent à Dieu qui en garde une petite partie à chaque réincarnation. L'être continue donc de surgir inlassablement à l'existence, jusqu'à ce que le bon Dieu l'absorbe complètement. Dans le cas de Clarence, on a l'impression qu'il va revenir à la vie. Le fait qu'il a été déifié de son vivant lui a servi d'agent de *"persévération,"* selon Durand. En d'autres termes, il lui permet de revenir à l'existence. Il a été un vrai bohème bien reformé. Il a ainsi entravé le pouvoir de la Divinité de le garder pour toujours. C'est de cet angle de vision qu'on doit appréhender l'opinion des critiques qui affirment que la mort de Clarence au centre du coeur du roi n'est pas une vraie mort. Les concepts de Karma, de réincarnation et de résurrection prennent leurs valeurs de cet angle de vision, et affirment l'idée de l'âme cosmique. Pourtant, c'est un paradoxe de voir chez Laye l'individualisme métaphysique dans l'immortalité naturelle de l'âme. On y voit l'opposition à la doctrine de la résurrection, qui, elle, relie le destin de l'individu à celui du monde entier.

On prend en horreur l'Apocalypse, la mort du cosmos révélée par la Bible comme la fin de l'homme, des races, des civilisations et des oeuvres dans le Temps. L'Apocalypse détruit la promesse de la régénération de la société par la naissance. La révolution à Kouroussa qui détruit tout est une sorte d'Apocalypse dans l'histoire, un événement catastrophique qui témoigne de la déformation de la vérité et de la vertu. Ecoutons un moment cette conversation pertinente entre Dramouss et le héros que le narrateur nous raconte ici:

> – Tout est englouti par la 'révolution'!
> – La 'révolution', disait-elle, est comme cet océan d'eau qui engloutit tout, anéantit tout.
> – Comment faire, maintenant?" (DS; p.227)

Le remède pour l'Apocalypse est le travail intellectuel et créateur de l'écrivain engagé et révolutionnaire. En mage de sa race, il dirige les opinions et les actes de son peuple. Voilà la signification profonde de l'insigne de stylo-mine que le héros reçoit de Dramouss à la fin de son initiation à Kouroussa. Il faut surtout lutter et créer car l'âme active n'a peur ni de la mort ni de l'enfer.

Enfer

L'idée de l'enfer assure le triomphe de la justice et de la rétribution aux pervers. C'est comme la doctrine de la vengeance rendue fameuse par Dante et Saint Thomas d'Aquin. Mais comment réconcilier l'idée de la souffrance éternelle dans l'enfer avec l'idée d'un Dieu Suprême ominiscient et bienfaisant? L'enfer layéen se voit sous l'image de *Hadès*, royaume des ténèbres et de demie-conscience grec où l'homme se condamne à la mort par ses actes. C'est remarquable que l'enfer layéen se trouve en haut, dans le ciel, au lieu d'être en bas, sous la terre. Nous avons là une image verticalisante qui témoigne de la possibilité de régénération pour le déchu. Laye semble s'opposer à la doctrine de la prédestination et confie le destin de l'homme à l'homme. Tout ce que l'homme fait dans l'existence, il le fait pour lui-même ou contre lui-même.

L'essence du salut est donc la libération de l'enfer. L'enfer dénote l'impossibilité de transcender l'immanence pour accéder à la Divinité. L'homme doit lutter aussi pour libérer ses semblables de l'enfer. C'est la seule voie du salut universel. Voilà d'ailleurs, le sens du discours du héros au garde de la prison lorsqu'il dit qu'en aidant son voisin il se rend aussi service. Reprenons cette conversation révélatrice entre les deux hommes:

> ... Seulement en portant ton ombre ailleurs, en te privant pour les autres, tu te condamnes toi-même. Tu ne dois donc t'en prendre qu'à toi-même.
>
> – Ce que je fais pour mon prochain, je le fais pour moi-même et pour Dieu, répliquais-je.
>
> – Plutôt que d'être au service d'autrui, tu devais te mettre à ton propre service.
>
> – Je suis également à mon propre service.
>
> – Pas du tout!, faisait-il. Tu n'es qu'un naïf, M'entends-tu?... Un crédule!
>
> – C'est ma crédulité et ma naïveté qui me valent la paix de la conscience.
>
> – C'est ce qui te condamne! hurla-t-il.
>
> [...]
>
> – C'est absurde de prêter l'oreille au premier venu! Oui, lorsqu'un homme te rend visite, te raconte des sornettes, ajoute les épisodes aux épisodes, toi, sans écouter davantage cet homme, sans t'assurer qu'il dit vrai, tu lui prodigues tes sentiments et ton argent. La misère du premier venu éveille ta générosité et tu te dépouilles pour le satisfaire.
>
> – C'est ainsi qu'on s'approche de Dieu, pas autrement! risquais-je (DS; pp.201-202).

Nous voilà expliquée la manière d'atteindre le paradis ici-bas.

Paradis

L'homme rêve souvent du paradis dans ses activités journalières. Dans le présent difficile, il se souvient du paradis du passé. Autrement dit, l'existence gravite entre les deux poles du paradis et de l'enfer. Exilé comme il l'est du paradis du passé, il garde toujours l'heureux espoir de rejoindre ce paradis dans l'avenir. Nous avons comme la convergence de la mythologie païenne de l'Age d'Or du passé avec la mythologie chrétienne qui garde l'espoir dans le futur heureux.

C'est pour cette raison que la mémoire involontaire revient d'une manière obsédante dans l'écrit layéen. Tantôt, le héros se transporte spirituellement vers son enfance au sein de la famille et transforme le passé et le présent en un futur final où il retrouve l'équilibre psychologique que seul le paradis peut lui accorder:

> Ma pensée voltigeait; elle évoquait mes oncles, qui m'avaient si amicalement, si affectueusement choyé; elle embrassait l'avenir, enfin les passions futures. Et tout à coup, je me sentis heureux, en dépit de ma solitude ... (DS; p. 61).

Parfois, c'est dans le moment de la joie, de l'amour et de l'extase créatrice que survient le paradis. Assis sur un banc côte à côte avec sa fiancée, Mimie, avec qui il vient de se réconcilier, le héros avoue ainsi sa joie sublime:

> Tout mon coeur et toute mon âme étaient tendus vers elle, comme magnétisés par une passion sublime, indéfinissable. [...] La brise, qui soufflait doucement, déculpait mon bonheur, en jouant dans son foulard, dont les pans balayaient ses épaules. [...] Ma pensée, subitement alla loin. Tantôt elle se posait sur l'avenir que j'imaginais, plein de bonheur, tantôt sur le passé, puis sur le présent ... Et bientôt, elle se confondait avec l'infini: elle montait très haut, infiniment haut (DS; p. 23).

Le paradis peut se retrouver, tour à tour, dans le passé et dans l'avenir par le biais de la mémoire involontaire. Le présent, lui, se donne comme le paradis, l'agglutination du passé et de l'avenir.

Parfois, le paradis est présent dans la contemplation de la Nature: la beauté des astres, le ciel bleu clair, la mer, la forêt et les champs du maïs et du riz, les fleurs et la splendeur du monde animal. Par la poésie, Laye transfigure le monde de tous les jours en un royaume élevé de la spiritualité:

> En décembre, tout est en fleur et tout sent bon;
> tout est jeune; le printemps semble s'unir à l'été,
> et la campagne, longtemps gorgée d'eau,
> longtemps accablée de nuées maussades, partout
> prend sa revanche, éclate; jamais le ciel n'est
> plus clair, plus resplendissant; les oiseaux
> chantent, ils sont ivres; la joie est partout,
> partout elle explose et dans chaque coeur
> retentit. C'était cette saison -là, la belle saison,
> qui me dilatait la poitrine ... (EN; p. 57).

Le paradis dans l'existence est donc le blocage de l'angoisse temporelle, ne serait-ce que provisoirement. C'est atteindre l'éternité dans le présent. C'est une sorte de *théose* pour celui qui reçoit, qui se montre ainsi contemporain de Dieu. Voici l'impact transfiguratif que la mer a eu sur notre héros, lors de son séjour à Conakry. Il flânait en ville lorsque, tout à coup, il vit la mer:

> Je la vis brusquement au bout d'une avenue et je
> demeurai un long moment à regarder son
> étendue, à regarder les vagues se suivre et se
> poursuivre, et finalement se briser contre les
> rochers rouges du rivage [...] c'était le spectacle
> le plus étonnant qu'on pût voir; [...] je ne m'étais
> pas fait une notion juste de l'immensité de la
> mer et moins encore de son mouvement, de la
> sorte de fascination qui nâit de son infatigable
> mouvement, à présent j'avais le spectacle sous
> les yeux et je m'en arrachai difficilement (EN;
> p. 171).

Pourtant, le concept de paradis devient problématique quand on le voit du point de vue dualistique du mal et du bien. Le paradis se définit par rapport au mal, car on ne peut pas avoir le paradis sans le mal. Or, chez Laye, on observe des élus heureux qui dansent au paradis, côte à côte, avec des gens déchus, pleurards et en peine dans l'enfer. La réalité dans l'existence se trouve quelque part entre l'enfer et le paradis. C'est le fameux Tiphareth juif, le royaume d'équilibre.

En d'autres temps, Laye semble subordonner le mal au bien, ou présenter le mal comme une partie essentielle du bien. Le mal se voit comme le péché, étant donné l'état limité de la conscience de l'homme. Notre auteur voudrait, peut-être, qu'on valorise le comportement de Clarence à Aziana comme une oeuvre créatrice, d'abord du point de vue de l'humanité qui se multiplie grâce au sexe, puis du point de vue spirituel, car le héros progresse spirituellement vers sa perfection. Sa promiscuité n'est plus un péché, mais un acte créateur qui ressort de l'exercice de sa liberté d'homme. On peut se transfigurer par le *logos*, par l'existence à plein qui est la lumière divine. La vie au paradis en dehors du péché semble donc impossible. Elle n'est satisfaisante ni à l'homme ni à Dieu. Le héros surmonte la sensualité par la lutte contre elle, non pas l'acceptation du mal ni la fuite loin du mal. Il le transfigure en une oeuvre créatrice pour l'individu, et partant pour l'âme universelle. L'aspect exotérique du péché rejoint ainsi l'aspect ésotérique. Le héros est déifié à la mort dans le coeur de Dieu, parce qu' il a pleinement vécu. Il est arrivé à la fin de son trajet spirituel: *"Quand il fut parvenu devant le roi, [...] Clarence tomba à genoux, car il lui semblait qu'il était enfin au bout de sa course et au terme de toute course"* (RR; p. 252).

Au terme de ce dernier chapitre, nous affirmons que Camara Laye dépasse, par la profondeur de ses pensées son époque. Le Temps et l'Espace historiques se laissent indifférent vu ses préoccupations avec l'universel, l'éthique, la philosophie et la moralité. L'auteur ne vise pas seulement le bonheur dans l'existence mais aussi la joie éternelle au-delà de la mort. L'homme peut se préparer pour cette fin par ses oeuvres envers lui-même et envers ses semblables. C'est là que gît le destin de l'Homme. C'est là que gît le fond de la moralité et de l'éthique de Camara Laye, qui sont au fond celles de la culture et la civilisation africaines.

◈ CONCLUSION ◈

Au terme de cette étude, ouverte par la mention du renom de Camara Laye, et qui se ferme par une méditation sur les valeurs philosophiques et morales de ses romans, il convient de tirer les conclusions qui s'imposent: les symboles et les images se répondent et mettent en relief, au-delà des aspects sociologiques, l'unité interne qui organisent le *trièdre* en une oeuvre classique. Cette oeuvre dépassent l'urgence du Temps et de l'Espace et atteint l'universel. Initiation, philosophie et moralité constituent les trois aspects importants et indivisibles de l'imaginaire dans les romans de Camara Laye. L'initiation s'accomplit à deux niveaux existentiel et mystique ou spirituel. En poursuivant une aventure à travers les quatre coins du monde, le héros donne ainsi la chance à son destin d'évoluer. Voilà le sort de tous les êtres humains sur la terre. Vivre c'est déjà poursuivre son destin qui se réalise, petit à petit, jusqu'à son éclosion à l'âge mûr, grâce à la durée. A la mort, une autre porte du destin s'ouvre et l'être continue sa marche vers la spiritualité en poursuivant les dictées de son Karma. Pour atteindre la fin aussi vite que possible, l'homme doit s'intéresser à se conduire auprès de son voisin de la même manière qu'il voudrait qu'on se conduise envers lui. C'est là que gît le fond de la moralité. Voilà aussi le mythe directeur de l'ouvrage de Camara Laye qui n'est pas teinté par l'histoire.

Camara Laye essaie de conjurer les vicissitudes du Temps et de l'Espace par un retour au temps primordial où siège l'âme cosmique. A l'encontre de ses contemporains dont les ouvrages trahissent une obsession avec les sujets du moment historique, l'attitude de Laye devant les faits de l'existence à son époque, au sein du continent africain, est philosophique: patiente exploration du concept de la Divinité, gardien de l'humanité; croyance en l'au-delà, arbitre des affaires des hommes, et expoir en la fraternité universelle. Camara Laye apporte à l'humanité la moralité et l'éthique de la culture et la civilisation africaines.

❁ APPENDICE ❁

RESUME DES ROMANS DE CAMARA LAYE

L'Enfant Noir

Dans ce roman, il s'agit de la jeunese et la vie d'écolier du héros. Il décrit la vie journalière dans le village de Kouroussa, aux champs du maïs, dans la forge et aux rites de puberté. Le récit évoque les amis et la famille. Il se termine par deux départs importants du héros, d'abord à 15ans vers l'Ecole Poiret technique à Conakry en Guinée, puis à 20ans vers le Centre Ecole Automobile à Argenteuil, en France.

Le Regard du roi

Le récit trace le voyage terrestre, symbole de l'itinéraire spirituel du héros, Clarence. Débarqué à Adramé, une ville du Nord d'un pays imaginaire de l'Afrique de l'Ouest, le héros y éprouve des obstacles. Prochainement, il subit une conversion et progresse vers Aziana, un pays du Sud, où ses aventures expérientielles le mûrissent encore une fois et plus profondément, psychologiquement et spirituellement pour la rencontre avec le roi-enfant, symbole de Dieu Suprême. Le récit termine par la soi-disant mort du héros dans le coeur du roi.

Dramouss

Après un séjour de six années en France, le héros prend deux semaines de congé et rentre au pays. Au cours d'une nuit blanche, il revoit par la mémoire involontaire son séjour en France. Modifié par ses expériences à l'étranger, il condamne la politique de dictature dans son pays et les maux sociaux et économiques. Deux jours après, il rentre avec sa famille en France. Au retour de ce voyage, après quelques années, au cours d'un rêve, le héros subit un rite de passage avec la "maîtresse de feu", Dramouss, qui a donné son nom comme titre d'un chapitre et du livre entier. Suivant sa transformation, le héros est élu le Lion Noir, mage de sa race, héros révolutionnaire et Méssie de son peuple.

⊠ BIBLIOGRAPHIE GÉNÉRALE ⊠

NOTICE BIO-BIBLIOGRAPHIQUE DE CAMARA LAYE

Né le Ier janvier, 1928, à Kouroussa en Guinée. Ancien élève de l'école coranique et de l'école primaire française à Kouroussa. Fait ses études secondaires à L'Ecole Poiret technique à Conakry. Ingénieur, licencié du Centre Ecole Automobile à Argenteuil en France. Auteur de plusieurs oeuvres littéraires de genres diverses: romans, essais, nouvelles, contes, légendes. Attaché au Ministère de la Jeunesse à Paris. Directeur au Département des Accords Economiques du Ministère des Affaires Etrangères. Diplomate à la Libérie, au Bénin et au Ghana. Directeur du Centre de Recherches et d'Etudes Nationales à Conakry. Officier à l'Institut Fondamental d'Afrique Noire (IFAN). Exilé au Sénégal en 1965. Père de dix enfants, sept de sa première femme guinéenne, Marie Lorofi, et trois de sa deuxième femme sénégalaise, Ramatoulaye Kanté. Mort à Dakar de la néphrite et de l'hypertension le 4 février, 1980.

OEUVRES PUBLIÉES DE CAMARA LAYE

Textes d'étude

Laye, Camara. *L'Enfant Noir*. Paris, Plon, 1953, reédit, 1966, avec notes par Joyce Hutchinson, Cambridge University Press.

_____. *Le Regard du roi*. Paris, Plon, 1954.

_____. *Dramouss*. Paris, Plon, 1966, et 1976 chez Presses Pocket.

Autre oeuvre du même auteur

_____. *Le Maître de la Parole: Kouma Lafôlo Kouma*. Paris, Plon, 1978.

Essais et Nouvelles

_____. "Premier contact avec Paris," *Bingo* (Dakar), No. 14, 1954, pp. 21-22.

_____. "Les Yeux de la Statue," *Présence Africaine*, No. 13, 1957, pp. 102-110. Traduit en anglais par Una Maclean, *Black Orpheus*, No. 5, pp. 19-27, Reédit par Charles R. Larson, *More Modern African Stories*, London, Fontana Collins, 1975.

_____. "Et demain?," *Présence Africaine*, Vol I, Nos. 14-15, 1957, pp. 290-295.

_____. "The Black Man and Art," *African Arts*, No. 4, Autumn 1970, pp. 58-59.

_____. "Tradition Orale: Répondre à l'appel des Profondeurs," *Fraternité-Matin* (Abidjan), 12 mars, 1976.

_____. "Prélude et fin d'un cauchemar," *Fraternité-Matin*, 17 décembre, 1976.

Interventions conférencières

_____. "Le Rêve dans la société traditionnelle malinké," Conférence on Manding Studies, School of Oriental and African Studies, University of London, 1972.

_____. "L'Afrique et l'appel des profondeurs," Fourah Bay Conference (Sierra Leone) 1963, Traduit en anglais par Gerald Moore, "The Black Lion," *Black Orpheus*, No. 14, february, 1964, pp. 21-24.

_____. "L'Ame de L'Afrique dans sa partie guinéenne," Colloque sur la Littérature Africaine d'Expression Française, Dakar, 1963, Traduit en anglais in *African Literature and the Universities*, Gerald Moore (ed.), Ibadan University Press, 1965; et in *African Writers on African Writing*, G. D. Killian (ed.), Northwestern University Press, Evanston, 1973.

Interviews

"Camara Laye nous parle de son voyage en Guinée et de ses projects," *Paris-Dakar*, 6 février, 1954, p. 2.

"Entretien avec Camara Laye" par Irmelin Hossman, *Afrique*, No. 26, (juillet 1963) p. 56.

"*Dramouss*, c'est l'aventure intellectuelle d'un Malinké porté vers le surréalisme," *Fraternité-Matin*, 22 septembre, 1966, p. 7.

"Laye, commitment to timeless values" by J. Steven Rubin, *Africa Report*, Vol. 17, No. 5, May 1972, pp. 20-24.

Interview par Guy-Roger N'Da, pour la Télévision Ivoirienne, 27 september, 1972, Publié dans *Fraternité-Matin*, 3 octobre, et 10 octobre, 1972.

"Gros plan sur la cora," *Eburnea* (Abidjan), No. 67, janvier, 1973, pp. 36-37, p. 48.

"Interview avec Camara Laye" par Jacqueline Leiner, *Présence Francophone*, No. 10, printemps 1975, pp. 153-167.

"Camara Laye, l'écrivain est obligé de se taire ou de tordre sa plume" par Gaoussou Kamissoko, *Fraternité-Matin*, 6 avril, 1976.

"In Search of the Historical Truth: An Interview with Camara Laye," par Arnhold, Barbara, *Africa*, 1979, vol 20(9), pp. 20-21.

Radio Diffusions

Radio France, LO 2102, 1954 "Le goût de livres: Comment j'ai fait *L'Enfant noir.*"

Radio France, LO6464, 8 novembre, 1954, "Un texte sur la sculpture africaine, lu par l'auteur"

Radio France Internationale, ED 22, interview par Yves Le Gall, nd. (1954?)

Radio France Internationale, EC 1917, interview, 6 septembre, 1966.

Enrégistrements

Camara Laye, ARCL 8, Radio France Internationale, dans les séries d'Archives sonores de la littérature noire" avec la collaboration du "Club de Lecteurs d'expression française." Interview avec Jacqueline Sorel, musique de Famarra Diabaté et un écrit de Jacques Chevrier, "Approche de l'oeuvre de Camara Laye," enrégistré en 1976 et publié en octobre 1979 (Côte A est l'interview, Côte B les lectures de *L'Enfant noir*).

Traduction des textes en anglais
L'Enfant noir:
  - *The Dark Child,* trad. James Kirkup, London, Collins, 1955.
  - *The African Child,* trad. James Kirkup, London, Collins, 1955; et 1959, 1970.
  - *The African Child* (ed. américaine) New York, Farar, Straus et Giroux, 1955 avec introduction par Philippe Thoby-Marcelin.
Le Regard du roi:
  - *The Radiance of the King,* trad. James Kirkup, London, Collins-Fontana, 1956, 1965.
  - *The Radiance of the King,* (ed. américaine) New York, Macmillan-Collier, avec introduction par Albert Gérard, 1965.
Dramouss:
  - *A Dream of Africa,* trad. James Kirkup, London, Collins, 1968, 1970.
  - *A Dream of Africa* (ed. américaine) New York, Macmillan-Collier, 1971 avec introduction par Emile Snyder.
Le Maître de la Parole:
  - *The Guardian of the Word,* trad. James Kirkup, London, Fontana, 1981.
Les Yeux de la Statue:
  - "The Eyes of the Statue," *Présence Africaine,* No. 5, 1959, pp. 10-27; encore IN Charles R. Larson (ed.), *More Modern African Stories,* London, Fontana-Collins, 1975.

---

* Nous voudrions appeler l'attention du lecteur sur les exégèses de Madame Adèle King de *The Writings of Camara Laye,* qui ont été la source d'inspiration pour l'information portant sur les interviews, les enregistrements et les interventions conférencières de Camara Laye.

INDEX GÉNÉRAL DES AUTRES
SOURCES CONSULTÉES

QUELQUES OEUVRES CRITIQUES SUR CAMARA LAYE
Dans Les Revues et les Journaux

Adebayo, Tunji C. "Reintegration and Restoration: A Reading of Camara Laye's *Dramouss*, Journal of Nigerian English Studies Association, Vol. 7, I-ii (1975), pp. 30-42.

Adejumo, A. B. "An African Utopia: Fatoman's Dream in Camara Laye's *Dramouss*," *Neohelicon*: Acta Comparationis Litterarum Universarum, 1989, v16(12), pp. 201-210.

Aje, S.O. "*Metamorphosis and Artistic Function of Objects in African Literature*", *Neohelicon*, 1983, Vol. 10 (1), pp. 239-249.

Akanji, C. "*The dark child* by Camara Laye," *Black Orpheus*, No. 1 september 1957, pp. 47-48.

Bacho, A. "*Le Regard du Roi,*" *Présence Africaine* No. 1-11, 1955, pp. 142-145.

Balogun, F. Odun, "*Mythopoeic Quest for the Racial Bridge: The Radiance of the King* and *Henderson the Rain King, The Journal of Ethnic Studies*, 1985, Winter V. 12 (4), pp. 19-34.

Bernard, Paul R. "A New Look at 'Les Yeux de la Statue' by Camara Laye," in Parker, Carolyn, *When the Drumbeat Changes*, Washington, D.C.: Three Continents, 1981, pp. 121-133.

_____. "Camara Laye: A Bio-Bibliography," *African Literature Journal*, IX (1978), pp. 307-321.

Béti, Mongo, "Afrique noire, littérature rose," *Présence Africaine*, Vol, I, No. 5, 1955, pp. 133-140.

_____. "L'Enfant noir," IN *Trois Ecrivains Noirs*, Paris; *Présence Africaine*, 1954, pp. 420 - 427.

Bourgeacq, Jacques. "Surréalisme et Philosophie africaine," *The French Review*, Vol 55, No. 6, Champaigne III, mai, 1982, pp. 738 - 742.

_____. "Camara Laye's *L'Enfant noir* and the Mythical Verb," *The French Review*, 1990 Feb, v63(3), pp. 503-513.

Brench, A. C. "Camara Laye: Idealist and Mystic," *African Literature Today*, No. 2 (January, 1969), pp. 11-31.

Brière, Eloise. "In Search of Cultural Equivalences: Translations of Camara Laye's *L'Enfant noir*," *Translation Review*, 1988, vol. 27, pp. 34-39.

_____. "*L'Enfant noir* by Camara Laye: Strategies in Teaching an African Text," *The French Review*, 1982, May, vol. 55 (6), pp. 804-810.

Brodeur, Leo A. "Une critique de la perception occidentale de l'Afrique noire" selon le modèle layéen de Clarence dans *Le Regard du roi; L'Afrique Litteraire*, (1981), V.58, pp. 126-134.

Brown, Ella. "Reactions to Western Values as Reflected in African Novels", *Phylon: The Atlanta University Review of Race and Culture*, 1987, Vol. 48 (3), pp. 216-228.

Chemain, Roger; Chemain, Arlette. "Pour une lecture politique de *Le Regard du roi* de Camara Laye," *Présence Africaine*, 1984, vol. 131. pp. 155-168.

Chevrier, Jacques. "Un Ecrivain Fondateur: Camara Laye," *Notre Librairie*, 1987, vols. 88-89, pp. 64-73.

Cochrane, Judith, "Camara Laye: Visionary and critic", ACLALSB 4, iii (1975), pp. 37-45.

Cook, David. "The Relevance of the King in Camara Laye's *Le Regard du Roi*," *Perspectives in African Literature*, (ed.) Christopher Heywood, London, Heinemann, 1971.

Deduck, Patricia Anne. "Franz Kafka's Influence on Camara Laye's *Le Regard du roi*," *Studies in Twentieth Century Literature*, 1980, Spring, vol. 4(2), pp. 239-255.

Diakité, Paul. "*Le Maître de la Parole* de Camara Laye," *The USF Language Quarterly*, 1985 Fall-Winter, vol. 24 (1-2), pp. 16-18; 22.

Duffy, Patricia. "*The Education of an African: The Case of Camara Laye*", *New Zealand Journal of French Studies*, May V. 10 (1), 1989, pp. 28-38.

_____. "Duality in Camara Laye's *Le Regard du roi*," *New Zealand Journal of French Studies*, 1991, VI(1), pp. 30-40.

INDEX DES AUTRES SOURCES CONSULTÉES 137

Etondo-Ekoto Grace. *"Le Regard du roi:* Une pédagogie de la redemption", *The French Review*, 1985, December V.59(2), pp. 267-277.

Fabijancic, Ursula. *"Le Regard du roi:* Roman anti-existentialiste", *Bulletin of the School of Oriental and African Studies*, 1986, Vol. 49(2), pp. 377-382.

Giani, Ntambo Kinkayi Kie. "Impact Culturel en Afrique moderne dans l'oeuvre de Camara Laye," *L'Etudiant Zairois*, reédit in *Boyoma*, 7-10 mai, 1977.

Green, Robert. *"L'Enfant Noir* and the Art of Auto-Archaeology", *English Studies in Africa: A Journal of the Humanities*, 1984, V. 27 (1), pp. 61-72.

Gudijiga, C. "Quatre thèmes dans l'oeuvre de Camara Laye," *Congo Afrique*, No. 6, 1966, p. 147.

_____. *"Dramouss,"* *Congo Afrique*, vol. 7, 1967, pp. 258-259.

Hale, Thomas A. "From Written Literature to the Oral Tradition and Back: Camara Laye's Babou Condé and *Le Maître de la Parole: Kouma Lafôlô Kouma,"* *The French Review*, vol. 55, No. 6, pp. 790-797.

Harrow, Kenneth. "The Mystic and the Poet: Two Literary Visions of Islam in Africa," *Africana Journal*, 1982, V. 13 (1-4) pp. 152-172.

_____. "A Sufi Interpretation of *Le Regard du roi. Research in African literatures*, 1983, Summer, Vol. 14 (2), pp. 135-164.

Herbstein, Dennis. "Camara Laye—involuntary exile," *Index on Censorship—Africa and Argentina*, vol. 9, No. 3, June, 1980, p. 5-8.

Ita, J. M. "Laye's *Radiance of the King* and Kafka's *Castle*," *Odu*, No. 4, 1970, pp. 40-42.

Iwuchukwu, Matthew O. "La signification culturelle de l'espace dans la trilogie romanesque de Laye Camara: De la négritude à la francophonie," *Présence Francophone*, Vol. 34, pp. 143-152, 1989.

Izumi, Shigeko. "Littérature contemporaine dans l'Afrique noire d'expression française: Camara Laye, II," *The Humanities*, 1983, V. 21, pp. 273-285.

Jaccard, Anny-Claire. "Mères aimantes mères dévorantes chez Camara Laye et chez Albert Memmi," *Notre Librairie*, 1988, vol. 95, pp. 64-68.

Jahn, J. "Camara Laye: an interpretation," *Black Orpheus*, No. 6, November 1959, pp. 35-38.

Johnson, Lemuel. "Safaris in the Bush of Ghosts: Camara Laye, Saul Bellow and Ayi Kwei Armah," *Issue: Journal of Opinion*, 1984, vol 13, pp. 45-54.

Julien, Eileen. "A Narrative Model for Camara Laye's *Le Regard du roi*," *The French Review*, 1982 May, vol. 55 (6), pp. 798-803.

_____. "Avatars of the Feminine in Laye, Senghor and Diop," IN *Bell Villada*, Gene H. Gimenez Antonio and Pistorius George (eds.), Williamstown, Williams College, 1987, Vol. XXXI, pp. 336-348.

Kane, Mohamadou. *Soleil*, Dakar (Sénégal), 7 février, 1980, p. 1.

_____. "Sur les 'formes traditionnnelles' du roman africain," *Annales de la Faculté des Lettres et Sciences Humaines*, Université de Dakar, No. 5 (1975), pp. 8-38.

Larson, Charles. "Laye's Unfulfilled African Dream," *Black Arts*, XLIII (1969), pp. 209-211.

Lask, Thomas. "*L'Enfant Noir*," *New York Times*, September 16, 1969, p. 45.

Lawson, William. "The Radiance of Camara Laye", Yardbird Reader, vol. 4 (975), pp. 78-89.

Lefranke, Mbo. "Structure et thèmes du merveilleux dans le roman négro-africain: Cas du *Regard du roi* de Camara Laye," *Annales Aequatoria*, 1988, vol. 9, pp. 183-198.

Marcato Falzoni, Franca. "*L'Enfant noir* de Camara Laye ou l'autobiographie comme un avertissement à ne pas se laisser couper de ses propres racines," in *Congrès mondial des littératures de langue française: Actes*, Padoue, 23-27 mai, 1983, Padova: Université degli Studi di Padova, pp. 61-73.

Mayer, Jean, "Le roman en Afrique noire francophone," *Études Françaises*, Vol. III, No. 2 (Mai 1967), p. 179.

Medjigbodo, Nicole, "Quelques reflexions sur la responsabilité de l'écrivain en Afrique colonisée et néocolonisée: le cas de Camara Laye", Dahomey, Département des Etudes Littéraires et Linguistiques, Université du Dahomey, 1974.

Mercier, Battestini. "Camara Laye," *Littérature Africaine*, No. 2 Nathan, 1964, pp. 16-21.

Mfizi, Christophe. "Laye Camara vu par un intellectuel rwandais," *Bingo*, No. 219, avril 1971, p. 54.

Michealman, Frederic, "From *L'Enfant noir* to *The Dark Child:* The Drumbeat of Words Silenced," IN Johnson Lemuel A. et al, *Toward Defining the African Aesthetic*, Washington, D.C., Three Continents, 1982, pp. 105-111.

Modun, E. P., "Politics in Polemics in Camara", *Okike: An African Journal of New Writing*, 1983, August, vol. 23, pp. 57-66.

Mouralis, Bernard. "Le roman négro-africain et les modèles occidentaux," *Présence Francophone*, No. 2, 1971, p. 10.

_____. "Les facteurs de la création romanesque en Afrique noire d'expression française," *Négritude africaine, négritude caraïbe*, Paris, Francité, 1973, pp. 29-31.

Munyoka Muana, Cyalu. "In Memoriam Camara Laye: Deuil au continent, le poète en sanglots," *Zaire-Afrique*, 1980, vol. 143. pp. 185-186.

Nanji, Azim. "Ritual and Symbolic Aspects of Islam in African Contexts," IN Martin, Richard C. (ed.), *Islam in Local Contexts*, Leiden, Brill, 1982, xi. pp. 102-109.

Ndongo, Fame. *Cameroon Tribune*, No. 610, 4-5 juin, 1976.

Nyamende, Abner. "Deeper Than The Child Perceives: Camara Laye's *The African Child*," *Théoria: A Journal of Studies in the Arts, Humanities and Social Sciences*, 1986, December, vol. 68, pp. 59-65.

Obumselu, Ben. "The French and Moslem Backgrounds of *The Radiance of the King*," *Research in African Literatures*, Vol. XI, No. 1, 1980, p. 20.

_____. "African Eden: Cultrual Nationalism in the African Novel," *Ibadan Studies in English*, Vol. 2, No. 1 (June 1970), pp. 137-138.

Ogike, Uche. "L'Etudiant noir américain face à la littérature africaine," *Le Français au Nigéria*, No. 9, 1974, pp. 36-41.

Ojo-Ade, Femi. "Une lecture de deux romans de Camara Laye," *Neohelicon*, Budapest, vol. 9, 1982, pp. 257-259.

_____. "Question de supériorité blanche: Une lecture contemporaine de deux romans de Camara Laye," *Conjonction*, 1983 Jan., vol. 156, pp. 43-72.

Voir Aussi. *Peuples Noirs, Peuples Africains,* Paris, 1981, Vol. 19, pp. 60-94

Okolie, M. A. E. "Nostalgia and Creative Secret: The Case of Camara Laye," *Okike: An African Journal of New Writing,* 1983 Aug., vol. 23, pp. 8-15.

Olney, James, "The Value of Autobiography for Comparative Studies: African vs. Western Autobiography", *Comparative Civilization Review,* 1979, Spring, Vol. 2, pp. 52-64.

Pageard, R. "Soundiata Keita and the Oral Tradition," *Présence Africaine VIII,* No. 36, 1961, p. 71.

_____. "La vie traditionelle dans la littérature de l'Afrique noire d'expression française," *Revue de Littérature Comparée,* Vol. XLVIII, 1974, p. 433.

_____. "Du témoignage à la vision prophétique: *Dramouss,*" *Afrique-Document,* No. 96 (janvier-février, 1968), pp. 45-50.

Philipson, Robert: "Literature and Ethnography: Two Views of Manding Initiation Rites," in 8th Annual Meeting of the African Literary Association, April 6-10, 1982, Howard University, Washington, D.C. IN Anyidoho Kofi et al, (eds. and introduction), *Interdisciplinary Dimensions of African Literature,* Washington, D.C. Three Continents 1985, pp. 171-182.

Ramchand, Kenneth et Edwards, Paul. "An African Sentimentalist: Camara Laye's *The African Child,*" *African Literature Today,* No. 4, 1969, pp. 37-53.

Rubin, Steven J. "Laye: Commitment to Timeless Values," *Africa Report,* Vol. XVII, (May, 1972), pp. 20-24.

Sadji, Abdoulaye. "Paroles de Laye Camara," *Paris-Dakar,* 14 janvier, 1955, p. 5.

Scarboro, Ann Armstrong, The Healing Process: A paradigm for Self-Renewal in Paule Marshall's *Praise Song for the Widow* and Camara Laye's *Le Regard du roi, Modern Language Studies,* 1989, Winter, Vol. 19 (1), pp. 28-36.

Sellin, Eric. "Alienation in the Novels of Camara Laye, *Pan-African Journal,* Vol. IV, (Fall, 1971) pp. 455-472.

_____. "Trial by Exile: Camara Laye and Sundiata Keita," *World Literature Today*, vol. LIV, (Summer, 1980) pp. 392-395.

Senghor, Léopold S. "Laye Camara et Lamine Diakhaté ou L'Art n'est pas d'un parti," *Condition Humaine*, 29 juillet, 1954 aussi dans *Liberté I: négritude et humanisme*, Paris, Seuil, 1964, pp. 157-163.

_____. "L'esprit de la civilisation ou les lois de la culture négro-africaine, *Présence Africaine*, no. 8 (1956) p. 60.

Shelton, Austin. "Cultural Reversal as a Motif of Protest by Laye and Dadié," *L'Esprit créateur*, vol. X, no. 3, 1970, pp. 213-222.

_____. "The Problem of Griot Interpretation and Actual Causes of War in *Soundiata*," *Présence Africaine*, No. 66, 1968. pp. 145-152.

Songolo, Aliko, "Surréalism and Black Literatures in French", *The French Review*, 1982, May, V. 55(6), pp. 724-732.

Stackelberg, Jurgen von. "Deux versions françaises d'un poème épique africain (Tamsir Niane: *Soundiata ou l'épopée mandingue*, Camara Laye: *Le Maître de la Parole)*," Französisch Heute, 1985, Dec., vol. 16 (4), pp. 364-372.

Unger, Steven. "Blinded by the Light: Surreal and Sacred in Camara Laye's *Le Regard du roi*," *Dada/Surréalisme*, 1984, vol. 13, pp. 123-128.

Yoder, Lauren W.. "Pour une lecture bachelardienne de *L'Enfant noir* de Camara Laye," *African Literature Association*, avril, 1978, pp. 30-35

_____. "Wall Imagery and Initiation in *Le Regard du roi*", The French Review, 1984, Feb. V. 57(3), pp. 329-335.

Dans les oeuvres de longue haleine

Achiriga, J. J. *La Révolte des romanciers noirs de langue française*, Sherbrooke, Naaman, 1973, pp. 32-65.

Anozie, Sunday. *La sociologie du roman africain*, Paris, Aubier-Montagne, 1970, pp. 170-187.

Battestini, S., Mercier Roger. *Camara Laye: Ecrivain Guinéen (Littérature Africaine 2)*, Paris, Nathan, 1964.

Blair, Dorothy S. *African Literature in French*, Cambridge, Cambridge University Press, 1976, pp. 193-198.

Bourgeacq, Jacques. *L'Enfant noir de Camara Laye: sous le signe de l'éternel retour*, Sherbrooke, Naaman, 1984.

Brench, A. C. *Writing in French from Senegal to Cameroon*, Gateshead, Northumberland Press Ltd., 1967.

_____. *The Novelist's Inheritance in Africa*, London, Oxford University Press, 1967.

Cartey, W. *Whispers from a continent*, New York, Random House, 1969.

Chemain, Roger. *L'Imaginaire dans le roman africain d'expression française*, Paris, L'Harmattan, 1986.

Chevrier, Jacques. *Littérature nègre*, Paris, Colin, 1974.

Eliet, Edouard. *Panorama de la littérature négro-africaine*, Paris, Présence Africaine, 1965.

Gakwandi, Arthur Shatto. *The Novel and Contemporary Experience in Africa*, London, Heinemann, 1977.

Gleason, J. *This Africa*, London, Northwestern University Press, Evanston, 1965.

Irele, Abiola. *Lectures Africaines: A Prose Anthology of African Writing in French*, London, Heinemann, 1969, p. 6.

_____. Christopher Heywood (ed). *Perspectives in African Literature*, London, Heinemann, 1971.

Jahn, Janheinz. *A History of Neo-African Literature*, London, Faber and Faber, 1966.

_____. *Muntu*, London, Faber and Faber, 1961.

Kesteloot, Lilyan. *Anthologie Négro-Africaine*, Verviers (Belgique), Des Presses de Gerard et al., 1967.

King, Adèle. *The Writings of Camara Laye*, London, Heinemann, 1980.

King, Bruce and Ogungbesan, Kolawole (eds.) *A Celebration of Black and African Writing*, Oxford, Oxford University Press, 1975, pp. 112-123.

Larson, Charles. *The Emergence of African Fiction*, Bloomington, Indiana University Press, 1972.

_____. *Panorama du roman africain*, Paris, Editions Internationales, 1974.

Lecherbonnier, Bernard. *Initiation à la littérature Négro-africaine*, Paris, Nathan, 1977.

Lee, Sonia, *Camara Laye*, Boston, Twayne Publishers, 1984.

Mahood, M. M. *The Colonial Encounter*, London, Rex Collins, 1977.

Moore, Gerald. *Seven African Writers*, Three Crowns Books, Oxford University Press, 1962.

Palmer, Eustace. *An Introduction to the African Novel*, New York, Africana, 1972.

Pieterse Cosmo et Munro Donald (eds.). *Protest and Conflict in African Literature*, London, Heinemann, 1974. "Idea of Assimilation: Mongo Béti and Camara Laye", p. 85.

Soyinka, Wole. *Myth, Literature and the African World*, Cambridge, Cambridge University Press, 1976.

Wauthier, Charles, *L'Afrique des Africains: Inventaire de la négritude*, Paris, Seuil, 1964.

Zell, Hans M., Bundy Carol et Coulon Virginia, *A New Reader's Guide to African Literature*, 1983.

QUELQUES THESES SUR L'OUVRAGE DE CAMARA LAYE, DE 1953 À 1990

Azodo, Ada Uzoamaka, "L'Imaginaire dans les romans de Camara Laye," University of Lagos, Nigeria, 1990, 285p.

Bernard, Paul R. "The Function of Characters in Four Works of Camara Laye," Pennsylvania State University, 1976, 159 p.

Cornwell, Joanne Jenkins, "Le Discours mythique: *L'Enfant noir* de Camara Laye," University of California, Irvine, 1981, 242 p.

Deck, Alice Anita. "I am because we are: Four versions of the common voice in African and Afro-american autobiography," State University of New York at Binghamton, 1980, 318 p.

Fresco, Alain David, "Tradition and Modernity in the Fiction of Laye Camara," Indiana University Press, 1981, 350 p.

Gallimore, Rangira Simbi, "De *L'Enfant noir* au *Regard du roi:* Du simple au complexe? Une étude comparative et textuelle de deux romans de Camara Laye," University of Cincinnati, 1989, 170 p.

Lulenga, Sebagenzi wa. "Ideological Development in the Writings of Camara Laye," University of Wisconsin-Madison, 1986, 414 p.

McCullough, Richard Cysle. "The Novels of Camara Laye: A Study of Selected Themes," University of Colorado at Boulder, 1980, 219 p.

Moore, Grant Harding. "The Writings of Camara Laye and Abdoulaye Sadji," University of Oklahoma, 1985, 388 p.

Ndiaye, Abdou Latif. "The European Presence in Africa: A Historical and Literary Study," University of Illinois at Urbana-Champaign, 1984, 268 p.

Nnoruka, Mathieu, "La problématique du héros romanesque dans L'aventure ambigue de Cheikh Hamidou Kane, Un piège sans fin d'Olympe Bhêly-Quénum, Le Regard du roi de Camara Laye, Université de Laval, 1979, 500 p.

Olordunto, Samuel Boladji, "The Significance of Growing Up in Selected Novels of Chinua Achebe, Camara Laye, Cheikh Hamidou Kane and Ngugi Wa Thiong'o," Indiana University, 1980, 231 p.

Parker, Gloria E. "Through the Eye of a Child: Their Societies Viewed by Five Black, Francophone Authors: Zobel, Ega, Laye, Dadie, and Oyono, Fordham University.

Raemdonck, Van André. "Le Thème du sacré dans quelques romans africains de langue française", Université de Liège, 1966-1967, 262 p.

Singhalaka, Pintira, "Le Problème de l'aliénation dans certaines oeuvres africaines d'expression française," Florida State University, 1983, 176 p.

Waigwa-Stone, Wangari Muringi, "The Liminal Novel: Studies in the French-African Bildungsroman of the 1950s (Kane, Laye, Béti, Guinea, Senegal, Cameroon)," The University of Utah, 1989, 172 p.

QUELQUES OEUVRES GENERALES SUR LA THEORIE DE LA LITTERATURE

Brady, Frank; Palmer, John; & Price, Martin (eds.) Literary theory and Structure, New Haven and London, Yale University Press, 1973.

Chassang, A. & Senninger, A. La Dissertation littéraire générale: Structuration dialectique de l'essai littéraire, Paris, Hachette, Université de Paris, 1972.

Escarpit, Robert. Le littéraire et le social: Eléments pour une sociologie de la littérature, Paris, Flammarion, 1970.

Fages, J.B. Comprendre le Structuralisme, Toulouse, Edward Privat, 1968.

Fokkema, D.W. & Kunne-Ibsch, Elrud, *Theories of Literature in the Twentieth Century: Structuralism, Maxism, Aesthetics of Reception, Semiotics*, London, Co. Hurst and Company 1977.

Hoggart, Richard. *Speaking to Each Other, Vol. I: About Society*, London, Chatto and Windus, 1970.

_____. *Speaking to Each Other, Vol. II: About Literature*, London, Penguin, 1970.

Scholes, Robert. *Structuralism in Literature: An Introduction*, New Haven and London, Yale University Press, 1974.

Todorov, Tzvetan. *Qu'est-ce que le structuralisme? 2-Poétique*, Paris, Seuil, 1968.

QUELQUES OEUVRES CRITIQUES SUR L'IMAGINAIRE

Burgos, Jean (ed). *Méthodologie de l'Imaginaire*, Paris, Centre de Recherche sur l'imaginaire, Circé, 1969.

Cellier, Léon. *Parcours Initiatiques*, Paris, Presses Universitaires de Grenoble, Braconnière, 1977.

Chemain, Roger. "Vision du Monde et Structure de l'Imaginaire dans l'oeuvre d'Olympe Bhêly-Quénum," *Annales de l'Université de Brazzaville*, 1973, 9 (AB), pp. 23-48.

Durand, Gilbert. *Le Décor mythique de la Chartreuse de Parme*, Paris, Corti, 1961.

Robin, Chantal. *L'imaginaire du Temps Retrouvé: Hermétisme et écriture chez Proust*, Paris, Lettres Modernes, 1977.

Sartre, Jean-Paul. *L'Imagination*, Paris, P.U.F. 1948.

QUELQUES OUVRAGES CONNEXES A L'IMAGINAIRE

Abrahams, Roger D. *African Folktales: Traditional Stories of the Black World*, New York, Pantheon Books, 1983.

Abrahamsson, Hans. *The Origins of Death: Studies in African Mythology*, Uppsala, Almquist and Wise Bocktryckeri, 1951.

Adler Mortimer J. *Ten Philosophical Mistakes*, New York, Macmillan, 1985.

Asante, Molefi Kete. *The Afrocentric Idea*. Philadelphia, Temple University Press, 1987.

Bachelard, Gaston. *L'Eau et les rêves: essai sur l'imagination de la matière.* Paris, Libraire José Corti, 1942.

_____. *L'Air et les songes: essai sur l'imagination de mouvement,* Paris, Corti, 1943.

_____. *La Terre et les Rêveries du Repos,* Corti, 1948.

_____. *La Psychanalyse du feu,* Paris, Gallimard, 1949.

_____. *Le Nouvel Esprit Scientifique,* Paris, P.U.F., 1966.

_____. *La Poétique de L'Espace,* Paris, P.U.F., 1970.

Barthes, Roland. *Le Degré Zéro de l'Ecriture, suivi de Nouveaux essais critiques,* Paris, Seuil, 1972.

Beier, Ulli. *The Origins of Life and Death, African Creation Myths,* Ibadan, Heinemann, 1966.

_____. *Contemporary Art in Africa,* London Pall-Mall Press, 1968.

_____. *Art in Nigeria,* Cambridge, Cambridge University Press, 1960.

Berdyaev, Nicolas, *The Destiny of Man,* New York, Charles Scribner's Sons, 1937.

Bernard, Charles A. *Théologie symbolique,* Paris, TEQUI, 1978.

Booth, Newel S. "Time and Change in African Traditional Thought," *Journal of Religion in Africa* 7, No. 2, 1975, pp. 81-89.

_____. *African Religion: A Symposium,* New York, Dell, 1977.

Brinton, Daniel G. *Religion in Primitive People,* New York, Negro University Press, 1897 (reprinted, 1979).

Calame-Griaule, Geneviève. *Ethnologie et langage: La Parole chez les Dogons,* Paris, Gallimard, 1966.

Camara, Sory. "Tales in the Night: Toward an Anthology of the Imaginary," *Varia Folklorica* (ed. Alan Dundes), The Hague, Mouton and Co., 1978.

Campbell, Joseph. *The hero with a thousand faces,* New Jersey, Princeton University Press, 1968.

_____. *The Masks of God,* New York, Viking Press, 1959.

Cassirer, Ernest. *An Essay on Man: An Introduction to a philosophy of human culture,* New Haven, Yale University Press, 1944.

_____. *Language and Myth,* (trad. from German by Susan K. Langer), Donner Publications, 1946.

_____. *The Philosophy of Symbolic Forms* (trad. by Ralph Manheim), New Have, Yale University Press, 1953-1957.

_____. *The Myth of the State*, (ed. Charles W. Handel), New Haven, Yale University Press, 1946, (Reprinted 1969).

Corbin, Henri. *Histoire de la philosophie islamique*, Paris, Gallimard, 1964.

Dada, Olubandele. *West African Folktales*, Philadelphia, Dorrance and Company, 1970.

Dickinson, Peter. *Chance, Luck and Destiny*, Boston and Toronto, Little Brown and Company, 1976.

Dieterlen, Germaine. *La Dialectique du verbe chez les Bambara*, The Hague, Mouton, 1963.

Durand, Gilbert. *Les Structures Anthropologiques de l'Imaginaire*, Paris, P.U.F., 1969 (10ème édition, 1984, Bordas).

_____. *Imagination symbolique*, P.U.F., 1964.

_____. *Science de l'homme et Tradition*, Paris, Berg International, 1979.

_____. *Figures Mythiques et Visages de L'Oeuvre: De la Mythocritique à la Mythanalyse*, Paris, Berg International, 1979.

Eliade, Mircea. *The Myth of the Eternal Return: Or Cosmos and History*, Princeton, Princeton University Press, 1969.

_____. *Patterns in Comparative Religion*, London, Sleed and Ward, 1958.

_____. *The Sacred and the Profane: The Nature of Religion*, New York, Harper and Row, 1959.

_____. *Images and Symbols: Studies in Religious Symbolism*, New York, Sleed and Ward, 1961.

_____. *The Forge and the Crucible*, New York, Harper and Row, 1962.

_____. *Aspects du Mythe*, Paris, Gallimard, 1963.

_____. *From Primitive Men to Zen: A Thematic Source of History of Religions*, London, Collins, 1967.

_____. *Initiation, rites et sociétés secrètes*, Paris, Gallimard, 1959.

_____. *The Quest: The History and Meaning of Religion*, Chicago, Chicago University Press, 1969.

Ewing, A.C. *The Fundamental Question of Philosophy*, London, Routledge and Kegan Paul, 1951.

Feder, Lilian. *Ancient Myths in Modern Poetry*, New Jersey, Princeton University Press, 1971.

Feldman, Susan. *African Myths and Tales*, New York, Dell, 1963.

Frazer, James George. *The Golden Bough: A Study in Magic and Religion*, London, Macmillan and Co., 1911-1915, Vols. I and II "The Magic Art" (1915).

Freiss, Horace L. & Schneider, Herbert W. *Religion in Various Cultures*, New York, Henry Holt and Co., 1965.

Georgin, Robert. *La Structure et le Style*, Lausanne, Editions L'Age d'Homme, 1975.

Griaule, Marcel. *Conversations with Ogotomêli*, Oxford, Oxford University Press, 1965.

Guenon, René. *La Crise du Monde Moderne*, Paris, Gallimard, 1946.

Guérin, Michel. *Qu'est-ce qu'une oeuvre?*, (ed. Hubert Nyssen), Actes Sud, 1986.

Gusdorf, Georges. *Mythe et Métaphysique: Introduction à la Philosophie*, Paris, Flammarion, 1953.

Hallen, B. & Sodipo, J.O. *Knowledge, Belief and Witchcraft: Analytic Experiments in African Philosophy* (Préface de Dorothy Emmett), London, Ethnographica, 1986.

Haskins, James. *Witchcraft, Mysticism and magic in the Black World*, New York, Dell, 1976.

Idowu, Bolaji E. *African Traditional Religions: A Definition*, England, S.C.M. Press, 1973.

Jones, Edward L. *Black Zeus: Mythology and History*, Seattle, Frayn Printing Company, 1972.

Jung, Carl Gustav. *Man and His Symbols*, New York, Double Day and Company, 1964.

Kirk, Geoffrey S. *Myth: Its Meaning and Functions in Ancient and Other Cultures*, Cambridge, Cambridge University Press, 1970.

Leach, Edmund. *Lévi-Strauss*, London, Fontana Collins, 1974.

Lévi-Strauss, Claude. *Totémisme*, Boston, Beacon Press, 1963.

_____. *Structural Anthropology*, London, Penguin Books, 1968.

_____. *The Raw and The Cooked*, New York, Harper and Row, 1969.

_____. *The Savage Mind*, New York, Harper and Row, 1964.

Mbiti, John S. *African Religion and Philosophy*, New York, Praeger, 1969.

_____. *New Testament Eschatology in an African Background*, London, Oxford University Press, 1971.

Momoh, Campbell S. "La Philosophie Africaine, existe-t-elle?" *Diogène* No. 130, avril-juin 1985.

Niane, D.E. *Sundiata: An Epic of Old Mali*, Suffolk, Longmans, 1979.

Okpewho, Isidore. *Myth in Africa*, Cambridge, Cambridge University Press, 1983.

Parrinder, Geoffrey. *African Mythology*, London, Paul hamlyn, 1967.

_____. *African Traditional Thought*, London: Hutchison's University Library, 1954 (2nd edition 1962).

_____. *West African Religion: A Study of the beliefs and practices of Akan, Ewe, Yoruba, Ibo and Kindred Peoples*, London, Epworth Press, 1961.

_____. *African Traditional Religion*, London, Sheldon Press, 1974.

_____. *The Indestructible Soul: The Nature of Man and Life After Death in Indian Thought*, London, Allend University, 1973.

Pelton, Robert D. *The Trickster in West Africa: A Study of Mythic Irony and Sacred Delight*, Berkeley, University of California Press, 1980.

Piaget, Jean. *La formation du Symbole chez L'enfant*, Neutchatel, Paris, Dealchaux et Niéslé, 1949.

_____. *Plays, Dreams and Initiation in Childhood*, New York, W.W. Norton and Company, 1962.

Proust, Marcel, *Le Temps Retrouvé*, Paris N.R.F. 1927.

Ricoeur, P., et al. *Cultures and Time*, Paris, The Unesco Press, 1976.

Righter, William. *Myth and Literature*, London, Routledge and Kegan Paul, 1975.

Trimingham, Spencer J. *Islam in West Africa, Oxford*, Oxford University Press, 1959.

_____. *The Sufi Orders in Islam*, London, Oxford University Press, 1971.

Vierne, Simone. *Rite, Roman et Initiation*, Grenoble, Presses Universitaires de Grenoble, 1973.

Walters, Jennifer. *Alchimie et Littérature*, Paris, Edition Denol, 1975.

Zahan, Dominique. *Société d'initiation bambara*, Paris, Mouton, Vol. I et Vol. II, 1960.

_____. *The Religion, Spirituality and Thought of Traditional Africa*, Chicago, Chicago University Press, 1979 (trad. de *Religion, Spiritualité et Pensée africaine*), Paris, Payot, 1970.

Zahan, Dominique et al. *Réincarnation et vie mystique en Afrique noire*, Paris, P.U.F. 1965.

Zimmer, Henrich Robert. *Myths and symbols in Indian Art and civilisation* (ed. Joseph Campbell), New York, Harper and Row, 1962.

Zuesse, Evans M. Ritual Cosmos: *The sanctification of life in African Religion*, Ohio, Ohio University Press, 1979.

▣ INDEX ALPHABETIQUE I: ▣

THÈMES MYTHIQUES, SYMBOLIQUES ET ARCHÉTYPAUX

❖ INDEX ALPHABETIQUE II: ❖

NOMS PROPRES MYTHOLOGIQUES, DES AUTEURS, DES PERSONNAGES ET DES LIEUX

D

Dante, 84, 122
David le roi, 82
Diallo, 60, 61, 62, 63, 64, 83, 96,
97, 103, 104, 105, 115, 117
Dickinson, Charles, 100
Dieu, 8, 10, 20, 22, 32, 33, 34, 36,
38, 39, 40, 51, 52, 53, 57, 59,
68, 69, 73, 77, 78, 81, 82, 84,
86, 89, 95, 96, 97, 98, 99,
105, 108, 109, 110, 112, 120,
121, 123, 125, 126, 129;
(démiurgique), 39;
(Suprême), 40, 95, 122
Dioki, 19, 24, 66, 67, 68, 69, 70,
81, 84
Doctoresse, 19, 24, 48
Dramouss, xviii, xxii, 2, 6, 19, 21,
24, 71, 74, 75, 76, 77, 78, 85,
87, 122, 129, 130
Durand, Gilbert, vii, xxi, 1, 2, 3,
4, 6, 7, 8, 9, 21, 74, 121
Durand, Yves, vii, 3

E

Eden, 107
Egypte, 21, 22, 69
Einstein, Albert 22
Eliade, Mircea, vii, 6, 21, 33, 37,
54, 63, 66, 83, 85, 87
Ethiopie, 22
Europe, 7
Eve, 107

F

Fanta, 107
Faro, 33, 39
Fatoman, 7, 20, 71
France, 19, 22, 41, 42, 45, 48, 112,
120, 129, 130, 131
Françoise, 19, 24, 48
Frantz, Hellens, 22

G

Gérant de l'hôtel, 47, 112
Gethsémané, 37

Guérin, Michel, vii, 113, 115
Guinée, 22, 41, 48, 86, 87, 129,
131; (Basse), 88

H

Habibatou, 19, 106
Hadès, 122
Halles, 47, 48
Hazoumé, Paul, 7
Hermès, 78
Homère, 67
Homo faber, 33
Hôtel Dieu, 48
Hydre, 45

I

Imam Moussa, 106
Iscariot, Judas, 20
Isis, 21, 22

J

Janus, 17
Jason, 78
Job, 103
Jonas, 18
Jung, Carl Gustav, 7, 23, 48

K

Kadidia, 19, 24
Karma, 19, 77, 99, 121, 127
King, Adèle 134
Konden Diara, 35, 111
Kouroussa, 22, 40, 41, 71, 72, 74,
85, 105, 110, 119, 122, 129,
131
Kronos, 15

L

La Pergola, 46
Laye, xviii, xxi, xxii, xxiii, 1, 2, 3,
4, 5, 6, 7, 8, 10, 13, 14, 16, 17,
18, 93, 101, 107, 109, 112,
121, 122, 125, 126, 127, 128,
129
Lee, Sonia, 1
Lion de Judah, 86, 101

Lion Noir, 24, 77, 85, 86, 87, 101, 130

M

Maître des cérémonies, 19, 57, 58, 59, 60, 61, 63, 82, 103, 104, 105, 107, 108, 112, 115, 116
Maman d' l'eau, 64
Mamie-wata, 64
Maréchal-ferrant, 62, 63
Marie, xii, 19, 20, 22, 24, 40, 42
Mendiant, 19, 20, 21, 24, 50, 51, 52, 53, 54, 57, 95, 98, 99, 105
Mercure, 106, 113
Messie, 89
Mimie, 19, 124
Moïse, 77
Moore, Grant, 70

N

Naba, 20, 57, 58, 59, 60, 61, 64, 65, 82, 83, 103, 104, 105, 107, 110, 112
Nagoa, 19, 22, 24, 52, 54, 55, 58, 65, 67, 70, 81, 83
Nanterre, 48
Nathan, 82
Newton, Isaac, 77
Nirvāna, 34, 70
Noaga, 19, 22, 24, 52, 54, 55, 58, 65, 67, 70, 81, 83
Noé, 89
Nubie, 22

O

Occident, xxii
Oedipe le roi, 18
Orphée, 78
Osiris, 21, 22

P

Paris, xviii, 41, 46
Perse, 67
Pierre, le disciple, 20, 48, 52, 82
Platon, 113
Poe, Edgar, 15, 73

Prométhée, 59
Proust, Marcel, 81

R

Robin, Chantal, 78
Rousset, Jean, vii, ix, 31

S

Saint Paul, 77
Sakyamuni, Gautama, 71
Samakoro, 74
Sartre, Jean-Paul, 7
Scandinavie, 63
Sellin, Eric, 48
Sénégal, 131
Senghor, vii, 45, 109
Serpent noir, 19, 38, 74, 75, 87
Set, 21
Simca, 48
Sisyphe, 97
Sodome et Gomorrhe, 89
Soundiata, 7
Sphinx, 18
Stanislas, 46
Stone, 62

T

Taoïsme, 108
Thomas d'Aquin, 122
Thomas Didimus, 54
Tiphareth, 76, 126
Touré, Samory, 7
Toussenel, 73
Tropique de Cancer, 85
Tropique de Capricorne, 85

U

Ulysse, 67
Université de Geneseo, v
Uwaifo, Victor, 64

V

Vierne, xxi, xxiii, 29

Z

Zuñi, 70

STUDIES IN AFRICAN AND AFRICAN-AMERICAN CULTURE has the objective of presenting an outstanding series of original works which, in their critical appraisals and reappraisals of a wide variety of African/African-American topics, provide fresh and insightful analyses to broaden the contemporary point of view. With special emphasis on the basic traditions that are unique to African/African-American cultures, the series seeks to present studies from disciplines as diverse as literature, history and sociology, and in this thematic variety, reveal the richness and global nature of the black experience. Each volume of the series will be a book-length study of a selected African/African-American topic, employing the most recent scholarship and methods of inquiry to explore the subject.

DR. JAMES L. HILL is a graduate of Fort Valley State College, Atlanta University and the University of Iowa, where he received his Ph.D. in American Civilization and African-American Studies in 1976. Currently Dean of the School of Arts and Sciences at Albany State College in Georgia, Professor Hill has published in several professional journals including *Journal of Negro History, Black Books Bulletin, Umoja* and *Arizona English Bulletin;* he is a contributor to *Black and Native Americans in South Carolina* and *Black Women in America, 1776-1976;* and he is the editor of *A Sourcebook for Teachers of Georgia History.* A member of numerous professional organizations, he has held leadership positions in the National Council of Teachers of English, Conference on College Composition and Communication, National Federation of State Humanities Councils, Georgia Endowment for the Humanities, and South Atlantic Association of Departments of English. Currently, he is Governor's appointee to the Georgia DeSoto Trail Commission.

For further information contact:

Dr. James L. Hill
Dean, School of Arts and Sciences
504 College Drive
Albany State College
Albany, Georgia 31705